反重力の世界線を歩め！

Dr.Shuの宇宙力

COSMIC POWER

［著］五島秀一

目次

第1章　宇宙力の秘密

第2章 ヒマラヤ聖者の法則「アイアム　I　AM」

第3章　時空間の揺らぎ

第4章　重力を克服する

第5章 神を観る未来哲学

第6章 ポールシフト後の世界観

本書籍は、「2021年ヒカルランドパーク講演会」の内容をまとめ、新たに加筆をしたものとなります。

カバーデザイン　森瑞（4tunebox）
画像協力　shutterstock
本文仮名書体　蒼穹仮名（キャップス）

第1章

宇宙力の秘密

10の15乗分の1は宇宙の最適エネルギー

私が未確認飛行物体を最初に目撃したのは、5歳の頃です。真っ赤な火の玉が後頭部をすり抜けていきました。そのときは、起きた現象の意味はまったく理解できませんでした。

宇宙は精密にできていて、意図的につくられています。そして巨大なエネルギーによって、ビッグバンがあっという間に広がった、という理論があります。

とはいえ、宇宙ができるときの巨大なエネルギーは、そのままでは果てしなく広がり、星や銀河系を生むことはできません。逆に弱すぎると、星や銀河系が生まれてもあっという間に縮んでしまいます。

宇宙が縮まずに生命が生まれるための確率を計算したら、「10の15乗分の1」という、あり得ない確率となります。だからそこには明確に宇宙の意欲があります。

そして、これは爆発もしない、シュリンクもしない、というバランスの取れた安定したエネルギーでできています（図１）。

人生において、多くの人があれもできないこれもできないという、欲求不満の心を持つ人が大半だと思います。**「10の15乗分の1」**の理論を個人に置き換えてみると、人間にとって重要なのは「**意欲**」です。ヨガの経典にも、人間の根本は「**意欲**」だと述

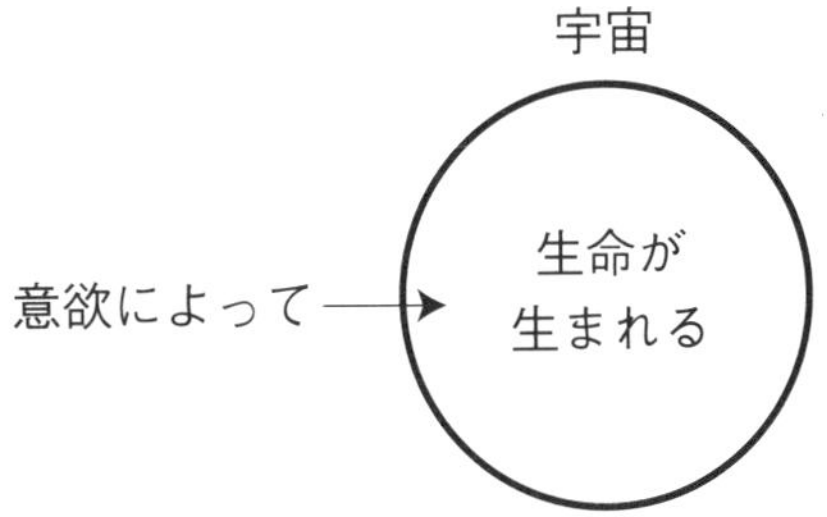

図１　宇宙の最適エネギー１／10^{15}の確率

べられています。

イメージで開くブラマランドラ

人間の頭頂には、シャンデリアのような形をした、ブラマランドラ（サハスララチャクラの渦の軸）というのがあります（図2）。もちろん物質ではないので、ブラマランドラはイメージ（想像）で開きます。個人で行うと危険ですから、インドでは必ずグルがついて行います。

グルは、弟子が真剣に求めるまで教えることはしません。重要なことは、自らの意思、意欲

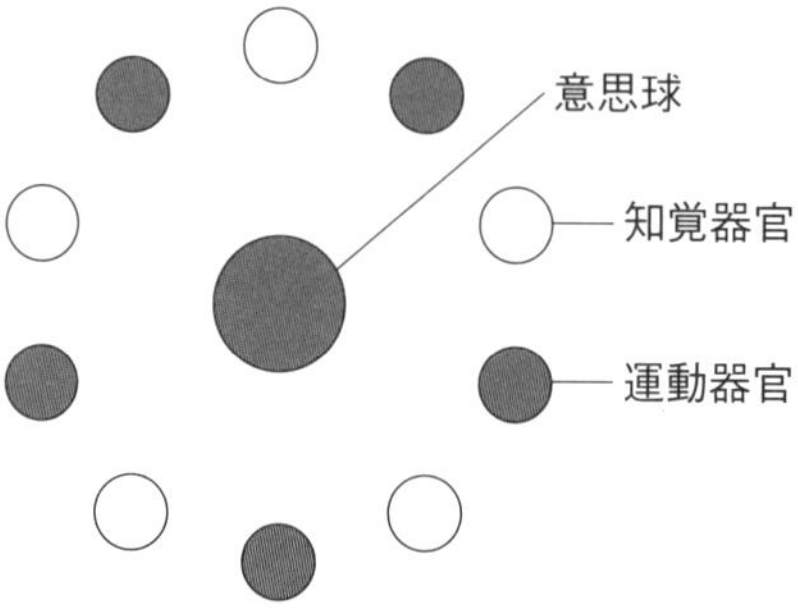

図2　ブラマランドラ「光の球」

の心です。

目を瞑り、頭頂部分を下から見上げると、白い玉が5つ（知覚器官）、黄色い玉が5つ（運動器官）、そこからエネルギーが発生する。中央の玉は意思球で、これらは光でできているので、光の球と言われています。

意思球を輝かせる「生命哲学」

私は10歳の頃から20歳くらいまでに、自分の本当にやりたいことは何か？３６５日、毎日毎日、自問自答していました。

「自分に質問する」というメンタルトレーニングが、唯一の修行でした。

人間は、わからないことがあると、安易に他人の話を聞こうとしますが、それは人の力を借りていることになります。借りているということは、いつか返さなくてはいけない。

私たちは、魂を進化向上させるために、この世に生まれてきたという目的があります。生まれてくる前のエネルギーより、もっとたくさんの光を持って、あの世に還らなくてはいけないのです。それは誰もが人生のどこかで、苦しみながらも自分で創意工夫するしかありません。

この気づきは10代のときに得て、「生命哲学」というタイトルでノートに記しておきました。

人生最短距離の道というのは、ひたすら自分に問いかけることとです。

答えは出なくていい、質問するということが大事なのです。

クエスチョンすることによって、エネルギーが増えます。

問いかけ、追求することによって、意思球が輝いてきます。

もちろん宇宙はエネルギーの量がほぼ決まっているので、意思球には上限値があり、急激に増えたり減ったりはほとんどしません。

私たちは神様から、「あなたは一生の間にこれだけのエネルギーを使いなさい」といただいて生まれてきます。それはその人の人生にとってちょうどいいエネルギーなのです。

だから他人と自分の人生を比較して、自分を卑下したりすることはまったく意味のないことだし、他人よりもっと優れた生き方がしたいと願うと、必ず失敗するようにできています。

自分にとって、最適な道があるのです。

10の15乗分の1というのは、宇宙の最適エネルギーでできています。

一人ひとりの人生にも、最適エネルギーというのが必ずあります。

宇宙力の根本原理と４つの力

人よりも大きいとか豊かとかの大小比較ではなく、最良最適を求めることが重要であるというのは、宇宙力の考察からわかることです。これが宇宙力の根本原理となります。

この最適エネルギーで生まれた宇宙には、現在の物理学では「4つの力（重力、電磁力など）」があると表現されています。

この4つの力というのは、非常に難解です。神様が巨大な絵筆を使って様々な出来事を起こそうとしたら、4本の筆ペンが必要だった。その4本の筆ペンで巨大なキャンパスに絵を描く、神様は絵描きです。

こんなことを何回も繰り返しているのが宇宙です。創っては壊し創っては壊す（描いては消し描いては消す）。それは人間という弟子から見たら完璧なのに、師匠である神は気に入らない。焼きもののように、粉々にしてまたやり直す。この繰り返しです。したがって、どこまでいっても失敗作の連続ですから、人間はある意味、神の被害者かもしれません。

人類は長い歴史を経て、宇宙には4つの力があるらしいと理論的に発見していきました。

しかし、インド最大の叙事詩『バガヴァッド・ギーター』には、この宇宙ができたとき、4人のサナト・クマーラが活躍して、宇宙を隅々まで掃除してピカピカに磨き上げて創りましたと、最初から直感によって4つの力が表現されています。この4人のサナト・クマーラ*の表現を理論的に察知するまで、人類は1万年も2万年も掛かりました。

＊サナト・クマーラは、ヒンドゥー教の神話に登場する賢人。

宇宙で発生した力は人体に宿る

宇宙の4つの力、「重力、電磁力、強い力、弱い力」のうち、強い力と弱い力は、原子核の力です。一般的には非常にわかりづらいので、それを個人の人生と肉体の器官に置き換えて考えてみましょう。

重力－同調圧力－耳（三半規管）

重力とは集団が個人に及ぼす同調圧力、人生の重力を表します。この重力は主として耳（三半規管）で感知されると言えます。

電磁力－自己主張－口

電磁力は光であり、現代は電磁波を媒体とするSNS等で、誰もが自己アピールできることで自己主張を表すことに該当します。自己アピールは口によって代表されます。

強い力－近親者・身内（血縁）－足

強い力は、原子核の中で核が分裂しないように何十億、何百億年も保っています。それは近親者（血縁）の人間関係を表します。結束力が非常に強力な反面、しきたりなどで強く足を引っ張るなど、足かせとなるため、強い力は足に象徴されます。

弱い力－偶然の出会い－手

弱い力は、至近距離のものに変化を及ぼす。それは偶然の出会いのようなものです。偶然の出会いは、知り合いの知り合いなどのような、少し手を伸ばせば触れられる距離を表します。それは期せずして新たなアイデアをもたらすなど、偶然が偶然を呼び込むことがあるのです。したがって弱い力は手として表現されます。

このように、神様は私たちが宇宙の力を感じられるように、4つの力を与えてくださいました。宇宙で発生した力は人体に宿り、私たちは耳、口、足、手を動かすことで、この4つの力を自然に訓練していることになります。

社会学、経済学の「弱い紐《ちゅう》帯《たい》理論」（社会ネットワーク理論）では、弱い力が現在注目されています。これこそまさにβ崩壊であり、電子がどんどん出ていき、原発事故で福島を悩ませた物理の弱い力の象徴のような理論です。

『5次元宇宙の物理学』（ヒカルランド）の巻末の英文論文のテーマは、あらゆるものが止まっているように見えても、実は莫大なエネルギーを持っているというのが結論です。しかもそれは、振動していることを証明しました。

止まっているものは何一つない。ブルブル左右に震えたり、回転運動をしたり、膨張と収縮を繰り返していています。止まっていても一種の波、波動を出しています。これを、論文の前半で数式にして証明しました。後半は、この数式を使うと、強い力と弱い力を電磁力でコントロールできることを表しています。

人間の12種類の行動パターン

止まっていても運動する動きを個人に置き換えると、私たちにできることは何でしょうか？　どんなに不活性に見えても、次の3つの運動の自由度は残っています。

振動…右往左往する

回転…同じことを繰り返す

膨張と収縮…広げる、絞る（物体は大きくなったり小さくなったりする、宇宙も地球も膨張と収縮を繰り返す、人間も呼吸をしている）

4つの力に対して、「振動、回転、膨張と収縮」の3つをすべて行うと、12パターンとなり、それは「運勢の12パターン」、「運命は12種類ある」という理論をつくることができます。4通りの宇宙の力＝社会事象に対して、人間には3つの自由度が残っているということです。

ヴィクトール・フランクルは、アウシュヴィッツ収容所に閉じ込められていました。しかし、収容所内で囚人たちと会話をする＝右往左往する振動運動、一人で瞑想を繰り返す＝回転運動、ときには活発に動く、ときには水を一滴も飲まない＝膨張と収縮運動をしました。

人間というのはこのようにして、3つの自由度をもとにして12種類の行動パターンが発生します。これが宇宙力の基本です。

気功の動きとフリーエネルギー

気功の動きには、「振動、回転、膨張と収縮」の３つの要素がすべて入っています（手の動きの振動と回転、呼吸の膨張と収縮）。この３つの動きをコントロールすれば、自分の中の宇宙力を開発できて、自分自身がフリーエネルギー状態になります。

フリーエネルギー状態になるということは、疲れを知らない体になり、やる気が高まり、死ぬまで意欲が持続するということです。

宇宙空間の特徴

高次元という表現は漠然としていますが、わかりやすく言うと、私たちがこの世の出来事を徹底的に分析していったときに、物事をどういう順番で認識して考えるか？　ということです。

たとえば、物体がAからBに動いたとしたら、「縦、横、高さ」の3次元となる。AからBへの動きは「時間」となって4次元となる。それがどのくらいのスピードで動いたのかは「エネルギー」となって5次元となる。それがどっちに飛んで行ったのかは、「方向性」となって6次元となる。

このように私たちは、物事を認識するときに、実は6次元の見方でとらえて

いることになります。

超現実主義は超霊感主義になる

超現実的に物事を突き詰めていくと、それはやがて、大いなる霊感につながります。最初から訳のわからない霊的世界とコンタクトしても、もしかしたら低級霊かもしれません。まずは、徹底的に現実を考えることです。

私はこれを中学時代から高校時代に徹底して行って、毎日毎日瞑想しました。これを自分自身の「ヨガにおけるシュールレアリズム」と呼んでいます。

3次元―私は今どういう立場にあるか？
4次元―肉体や心構えの変わりつつあるものは何か？

5次元－どのくらいの速さで変化しているか？
6次元－どっちに向かって進んでいるか？

これらを自問自答する。そうすると6次元空間に到達します。

6次元の磁力の解明

次は、6次元を物理現象に置き換えてみましょう。
地球において、飛行機や船舶が今どっちに進んでいるかを判断するときに使うのは磁石です。

つまり磁石は方向性を教えるもので、磁力というのは方向性のエネルギー存在です。つまり6次元で非常に次元の高いものです。

人類は未だ生磁石で電気を点けることはできませんが、やがて可能にするでしょう。なぜ可能にするのでしょうか？　すなわち磁力は、6次元という高次元の存在であり、宇宙の法則では高次元は低次元を支配します。6次元の存在は5次元を制御することができるので、当然磁力からエネルギーを取り出すことは哲学的に考えればできるのです。これが基本的な考え方としてあります。

この世の出来事というのは6次元で大体説明ができます。磁力が解明できれば、この世の物理現象やあらゆる存在の法則はすべて解明できます。

現在の波動測定器というのは、松果腺から出る磁力波、振動を測定しています。松果体は約8ミリの脳内の小さな器官で、驚くべきことにある周波数で磁場振動を起こしています。その松果体が出す微細な磁場振動の中にすべての情報が入っているので、波動測定器で詳細な測定ができるのです。

ドラゴンは地球の磁場を管理する存在

我が国は溶岩が国中に堆積している火山列島です。溶岩とは磁性を帯びた磁性物質なので相当な磁力を持っています。温泉が出るところは磁場を含んだ溶岩流が固まってできています。

この溶岩流が堆積した地域では、常識では考えられないようなミステリアスなことが起きます。その場に行くと能力者はパワーを感じるでしょう、ドラゴンを見る人もいます。

ドラゴンとは地球の磁場を管理する存在です。

磁場の回転が重力場を生む

物理学的には、単純に真っ向から対立しただけのゼロ磁場には何の力もありません。しかし若干ずれていたら、グルグルとスピンして磁場の回転が起きます。

磁場がスピンすると重力場を生みます。これは数式で証明できます。
人間の脳の中で磁場をスピンさせることも可能です。それはイメージの力で行います。

舌は覚醒していないときは下顎《したあご》についていて、覚醒が始まると上顎についていきます。そして上顎についた状態で瞑想すると、松果体が磁場振動を起こします。それはやがて重力を超え、時間空間を超えた世界につながっていきます。
つまり磁場の変動がポイントになります。

縄文時代の伝達方法

縄文人は、磁力を別の意味で使っていました。ここに玄武岩を主成分とする石があったとしましょう。その石に手を当てて念を送ると、その念は磁気振動の形で残ります。

その石を手に持って、想念（メッセージ）を送って置いておくと、後から来た能力者が、その石を触ると石に残っている想念（メッセージ）を読み取り、映像も見ることができます。これが、石を使って意思を伝達した縄文時代の伝達方法です。単純なテレパシーでなく、ちょっとした科学技術を用いました。

磁場成分を含んだ石には念が入りやすい。この磁力を用いた方法は、今後10年くらいで再び登場してくるでしょう。

フリーエネルギーの基本的概念

磁力を用いて、どのようにしてエネルギーを取り出すことができるのでしょうか？

入力側に１００のエネルギーを入れて、出力側から１５０のエネルギーが出たらフリーエネルギーとなります。最初に力を加えるとどんどん加速していく。ところがこれは、現代物理学では否定されています。

机の上にある物体に力を加えて動かそうとすると摩擦力が生じます。このように変化させよう、動かそうとすると必ず反発力が生じ、入力エネルギーより出力エネルギーが小さくなります。摩擦力は動いているときの方が小さく、止まっていると大きくなるのです。ここにヒントがあります。

つまり動き始めると反発力は減り、やがて限界を超えて動くことができたら反発力は無くなるのではないか？　このように考えられるということです。

作用反作用の秘密

宇宙は何か変化を起こそうとすると、それを妨げて変化を起こさないようにする力が働きます。これが、ニュートンが洞察した「反作用」です。

宇宙は保守的で、これを「慣性の法則」と言います。人間も何か新しい考えが出てくると、それを打ち消す考えも出てきます。それによってくよくよしたり、年だからやめようと考えたりするなど、他人の反対意見がたくさん出てきます。

心の中で革命的なことを考えても、それを打ち消す考えが出てくるのが心の作用反作用です。

反作用の力が強いとうつ的な状態になります。この反作用が同時に起きなかったらどうなるのでしょうか？　物体が動いたと同時に押し返す力が生じたら、動いた瞬間に止まり運動ができません（図３－１）。ところが動いてしばらくしてからタイムラグのあとに反動がきたら、物体は振動を起こします（図３－２）。

現実に素粒子が振動を起こしているとしたら、このタイムラグの発生している間にサッと物事をやってしまえば、何の抵抗も受けることはないのです。

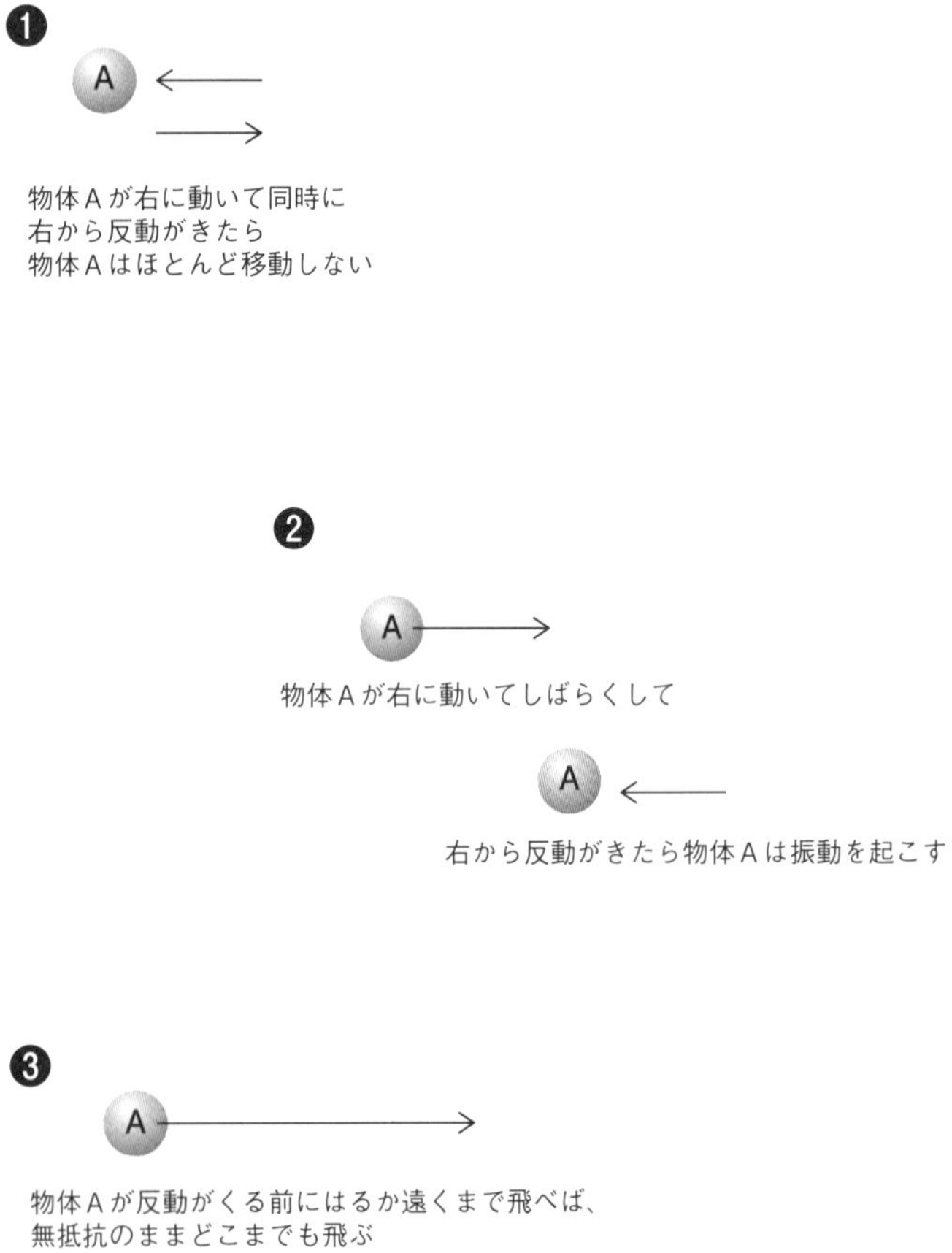
❶
A
物体Aが右に動いて同時に
右から反動がきたら
物体Aはほとんど移動しない
❷
A
物体Aが右に動いてしばらくして
A
右から反動がきたら物体Aは振動を起こす
❸
A
物体Aが反動がくる前にはるか遠くまで飛べば、
無抵抗のままどこまでも飛ぶ

図３　作用反作用の働き

止まっているように見えて振動しているということは、反作用が起きるまでにわずかのタイムラグ（若干の時間のずれ）があるということです。これが次の文明に向かう最大のキーポイントです。

だから何事も急いでやってしまえば、反動が来る前に物事がすんなりと実現します。

大抵のフリーエネルギーの機械は必ずインパルスを加えています。インパルスとは瞬間的な力でパッと衝撃を加えるので、反動しようがない。武道の達人でも、瞬間的な力の技には受け身が取れません。

このインパルスを利用したのが、ブルース・リーの「截拳道《ジークンドー》」で、それは目にも止まらぬ速さです。

目に止まる動きには反動が来ますが、目にも止まらぬ速さには反動が来ません。ここに反動をすり抜ける秘密があります（図３－３）。

即断即決が宇宙の振動の法則

したがって、もしタイムラグがあったら物体は振動を果てしなく繰り返すのです。物体が振動を繰り返すだけということは、実は宇宙は反動がくる前に少し手加減してくれている、瞬間だけ待ってくれているというわけです。

瞬間のタイムラグが、宇宙のフリーエネルギーの基礎理論です。

これは人間にも応用できます。やりたいことはあっという間にやること。時間が経てば経つほど反対される。時間を置くとマイナスの意見が必ず出てきます。

宇宙の仕組みは、即断即決でなければ、世の中に革命は起きない、進化も起

きない、これが宇宙の振動の法則です。

振動の次は渦です。渦はどうしたら起きるのか？　次ページの図で説明してみましょう。

㋑物体が振動しながら下へ移動する
㋺すると必ず反動がくる
㋩ロの反動がくる前に左へ移動する
㋥再び反動がくる
㋭ニの反動がくる前に上へ移動する
㋬再び反動がくる
㋣への反動がくる前に右へ移動する

このように、㋑〜㋣の動きにより渦が起きます（図４）。

振動しながら（一つのことをやりながら）、他の出来事（別の違うこと）を瞬間に起こす（やる）と、グルグル回転して渦が起きます。心の中である計画を立てながら、同時に違う計画も立てるというように、二つ以上の願いを持つと、渦が起きて時代を動かす原動力となります。

グルグル回転しながら二つ以上の夢を追いかけよ！　誰も止める人がいない間にあっという間にやれ！

これが次の新しい文明を築くフリーエネルギー哲学です。

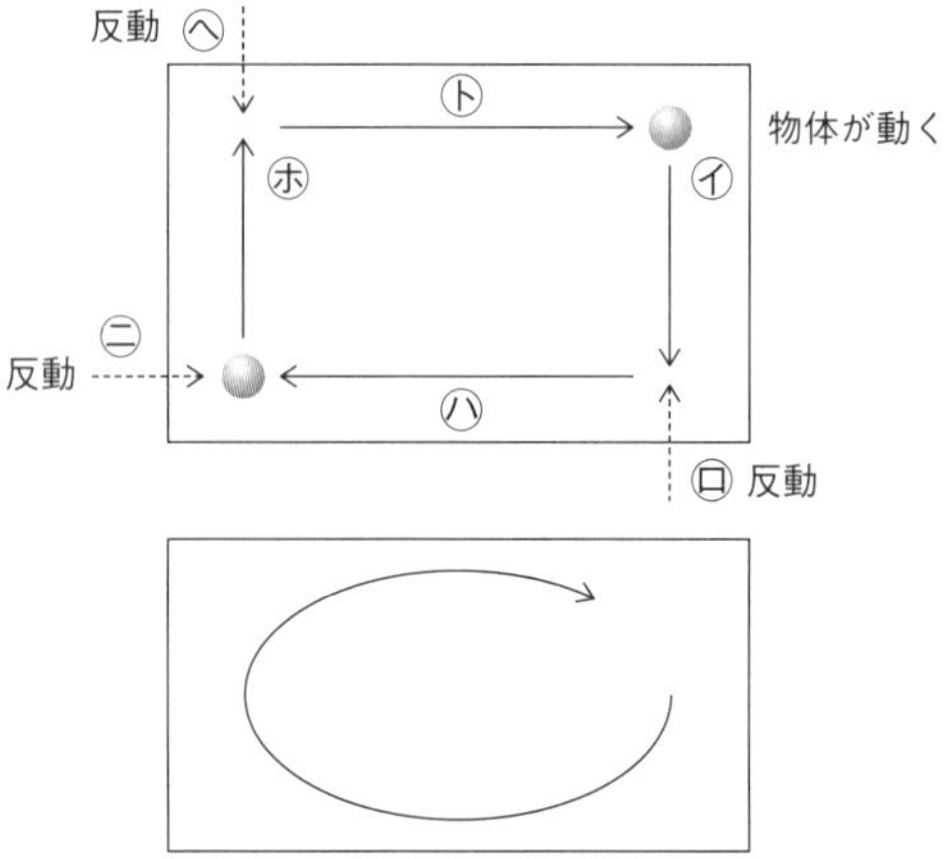

図４　宇宙振動の法則

メビウスの原理を用いてエネルギーを取り出す

図５－１のメビウスの輪は、１回ひねったり２回ひねったりして、フリーエネルギーの世界で使われるものです。

このメビウス原理は矢印の方向に電気が流れます（図５－２）。

慣性の法則からすると、電流の流れを妨げようとする力が働く（新たな電流が逆に流れる）ので、宇宙の仕組みは電力が消耗するようにできています。

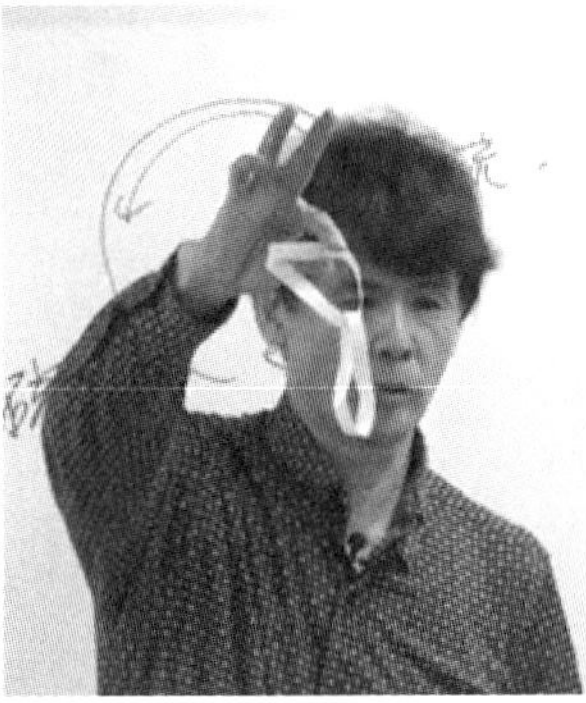

図５－１　メビウスコイル

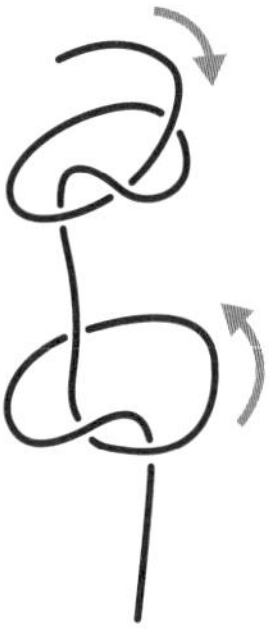

図５－２　メビウスコイルと磁場の流れ

現代文明は電気を使えば使うほど消耗していくから、フリーエネルギーは無いとされています。これが電磁気学です。

ところが、メビウスの原理でつくったコイルを右左と交互につないで特殊な電流を流すと、電力は消耗しません。それは先述したタイムラグの反動を上手に取り入れているからです。

メビウスの輪は1回転させることで裏と表が一つになります。表が裏になり裏が表になる。つまり潜在意識と顕在意識をつなぐシンボルです。ですから潜在意識を開発する方法としてメビウスの輪が作られました。

「双子の宇宙論」という、潜在宇宙と表層宇宙をつなぐ理論もあります。

メビウスの輪は1回転すると、垂直の方向に磁気の流れが起きます。この磁気の流れが電流の流れを成長させます。この原理を用いたのが、低音で動く超伝導リニアモーターカーです。

このメビウスコイルを使うと、電力は消耗せずに逆に増えていきます。この原理は、実は人体の心臓がやっています。大動脈の中を肺動脈が貫通することによって心臓が長持ちするようにできています。つまり心臓の中にメビウスコイルがあるということです。

ヘモグロビンは鉄なので電気を帯びています。つまり心臓は電流の流れと同じです。神様は心臓を創るときに、心臓が長持ちするように創っているのです。

ヨガの聖者、パラマハンサ・ヨガナンダ師の言葉で、「瞑想するときは心臓を意識せよ」、「テレパシーは心臓で行う」とあります。

まさしくその通りで、テレパシーの波動はメビウスの螺旋で飛んできて、それをキャッチするのが心臓です。

アヨディアにスイッチを入れる

心臓に当てた親指のあたりにあるのが「アヨディア」と言って、心臓の最大のチャクラと言われています（図6－1）。このチャクラに相手の磁気信号をキャッチする装置があります。

瞑想するときはこの親指のあたりを意識します。そして目の前の人をぼんやり見て、周りを見る。そうすると、なんとなく波長のような、ゆらゆらと揺れる一種の波のようなものを感じます。

アヨディアにスイッチを入れて、手のひらを相手に向けると磁気信号が飛んでいきます（図6－2）。

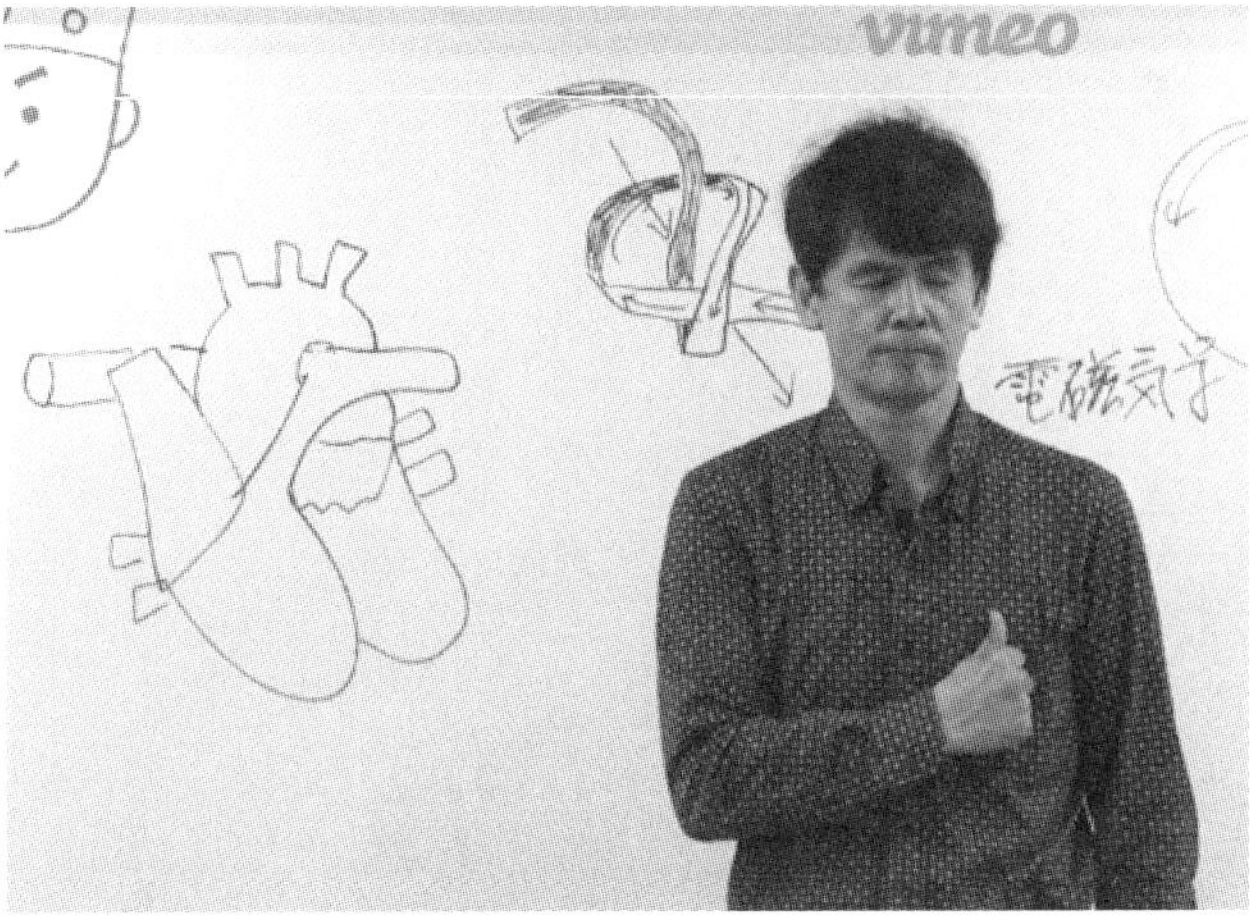

図６－１　心臓のチャクラ「アヨディア」の位置

図６－２　アヨディアに手を置いて逆の手のひらを相手に向ける

第六感は磁気を感じとる能力

今地球で起きている問題は、地球の磁力がどんどん減少していることです。それが異常気象を招いています。今後10年間の課題は磁力を蓄えること、人間も人体の中に磁気を蓄えることです。

実は人間の脳の中には、「マグネタイト」という磁気をキャッチする物質が含まれていることがわかってきました。

日米の18〜68歳の男女から、磁気の向きに応じて脳波が変化していくことが発見されました。「クリプトクロム」というタンパク質が磁気をキャッチするからです。これは人間の眼の桿体《かんたい》細胞にあります。桿体細胞は眼（瞳）の周辺にあるので、遠くを見るようにした方がいい。そうすると磁気をキャッチしやすくなります。

そして、遺伝子は磁気をキャッチします。コロナウイルスも磁気で動いていたので、人間に対して「磁気感応力、もっと磁気を使いなさい」ということだったのかもしれません。ウイルスとの戦いは磁力と磁力の戦いです。

これから磁力文明が起きるので、人体の磁力を増やすことが必要です。

磁気が一番多いのが酸素です。二酸化炭素は反磁性体です。しっかり深呼吸をすることが人間の体の磁力を増やすことになります。ゆっくり息を吸って、ゆっくり吐く、呼吸法によって人間の体の磁力を増やすことができます。

第六感、超能力は、磁気を感じる能力と関係があるとも言われています。

電流（電気）文明から磁力文明へ

今は電流（電気）文明です。これから始まる文明は磁力を用いる文明です。磁力は電流を流さないと発生しません。

磁力から電気を取り出せるのでしょうか？　コイルに磁石を近づけると磁力が発生して、瞬間的にその磁力を打ち消す電気が流れる、でもすぐに消える。これは抵抗力が発生して磁力が打ち消されてしまうのです。

しかしある条件があると、超伝導リニアモーターカーのように低温でなくてもグルグル流れ（回り）続けます。それは周りに磁力がたくさんあるときです。

磁力たっぷりの肉体は地球への恩返し

近代文明が始まってから、地球の磁力はどんどん無くなっていきました。太古の時代はかなり磁場が強かったので、磁力線（磁気）を取り出すことができました。

太古の文明は磁力から電気を取り出すことができたということです。

人間の体も同じように、心臓を中心としてループが起きています。縄文、ムーやアトランティス時代の古代の人間は、自らエネルギーを発生していたと思われます。

実は空中から物を取り出す人間は体に磁力が多いのです。体に磁力が多いと不思議現象を起こせます。それは、電流がグルグル回り続けている状態です。

人間が死んだとき、肉体は土に還ります。そして肉体はいったんミネラルに分解され、このミネラルからビタミンを作るのが植物です。

そのときに微生物は、磁力を必要とします。私たちが死ぬときに肉体に磁力がたくさんあれば、微生物が助かり、地球が助かります。

私たちは体に磁力がたくさんあると、死んだときも肉体が地球の役に立つことができます。人間には地球への恩返しの時期が来ています。

磁力文明＝6次元文明

磁気とは何でしょうか？　それは人間の直感と関係があります。

先述した日米の18～68歳の男女の実験で、磁気の向きに応じて、無意識に脳波が異なる反応を示すことがわかりました。その磁気を感じるのは、眼の網膜にある青色光を吸収するクリプトクロムという、一群のタンパク質という仮説です（東京大学ウッドワード　ジョナサン教授）。

細胞がテラヘルツのミリ波帯で、細胞内情報伝達をしているのでは？　という仮説は昔からありました（１９６０年代物理学者ヘルベルト・フレーリッヒ）。これも正確には磁気波でありましょう。

実は生体内物質の大半は反磁性（タンパク質など）であり、ミネラルでは、金、銀、銅、亜鉛、塩などが反磁性です。水、二酸化炭素も反磁性です。

人体で磁性を持つものは、ＤＮＡ、松果体（磁気が加わるとセロトニンが増える）、静脈、血流、鉄分など、他に酸素も磁性です。

このように磁性は、直感、意識といったものと大いに関係があります。

こんなふうになりたいという、進路、方向性に直結しているのが磁性です。したがって自分にとって必要な情報を摑みたければ、磁性を体内に摂《と》り入れ、必要のない情報は、反磁性で体外に吐き出すとよいでしょう。

この観点から言うと、そもそも呼吸は酸素（常磁性）を吸って、二酸化炭素（反磁性）を吐き出す。つまり、呼吸は良い情報を空間から摂り入れ、良くない情報を空間へ吐き出していると、とらえることができます。

息を吸って2秒止め、胸に圧力をかけ、そしてゆっくり吐くと、血中酸素濃度が増えます。たとえばヨガの呼吸法の「クンバハカ」などは、酸素を増やして良い情報を取り入れるのに適しています。

あるいは情報を洗い流したければ、しっかり水を飲んで周囲に塩を撒きましょう。金、銀、銅、銅線コイルなどを身につけるのも良いでしょう。取り分け混迷深まる今日の情勢においては、「物事の方向性＝磁力」というものが重要となります。

新しい時代においては、経験から学ぶより直感から学ぶべきです。物事の善悪や経験に振り回されて判断を誤るべきではありません。

磁性を多く含む食物

次に磁性ミネラルを列記しましょう。

磁性体：鉄、コバルト、ニッケル、ガドリニウム

常磁性：アルミニウム、クロム、モリブデン、ナトリウム、チタン、ジルコニウム

磁性をたくさん含む食物には、納豆、穀物、ビタミンB群、ミネラル群などがあります。

ニッケル（Ni）

穀類――ハトムギ・小麦・胚芽・米糠《ぬか》
豆――インゲン・大豆・キナコ
魚介類――ハマグリ・生ウニ
種実――アーモンド・ゴマ・くるみ・落花生
藻類――干しひじき・昆布
野菜――シソ・タケノコ・ワラビ
キノコ――ナメコ・ヒラタケ
飲料――コーヒー・日本茶・紅茶・ウーロン茶

クロム（Cr）

穀類――ハトムギ・小麦・胚芽・米糠《ぬか》
魚――真イワシの丸干し
種実――エゴマ
乳製品――パルメザンチーズ・チェダーチーズ
藻類――アオサ・昆布・乾燥わかめ
飲料――日本茶・ウーロン茶

コバルト（Co）＊アレルギー有

穀類――小麦・胚芽・米糠
藻類――青のり・干しひじき
飲料――ピュアココア

非ヘム鉄（Fe）＊植物性は吸収率が5％なので植物性だけだと下痢をしたりする

干しひじき（15gで8・3mg）・小松菜（80gで2・2mg）・糸引き納豆（50gで1・6mg）

ヘム鉄（Fe）＊動物性は吸収率が23〜25％だがタンパクとくっついていないと人体に吸収されない

あさりの缶詰（65gで19・3mg）・豚レバー（80gで10・4mg）・牛肉のヒレ（120gで2・9mg）・真イワシの丸干し（50gで2・2mg）

「反作用哲学」の先にある宇宙文明

あらかじめ反作用を取り込む生き方、反作用を推進力に使う生き方は、この地球を脱却するための法則であり、変えまいとする力の慣性の法則にとらわれないことは、ヨガの最大のテーマでもあります。

この慣性力を脱却したときに、他天体との交流が始まります。逆にいうと、これを理解できない人は宇宙人とコンタクトしようとしても相手が逃げていきます。

あらかじめ反作用を取り込む生き方、反作用を推進力に使う生き方を理解した人だけに接近してきます。

この哲学の向こう側に宇宙文明があります。

【宇宙力コラム】

〈二重のメビウスの輪の原理〉

宇宙そのものが二つの原理を持っているので、右脳と左脳を使う。プラスとマイナス、長所と短所、表と裏を考えるようにすると、慣性の法則を脱却して大宇宙と交信することができるようになる。

〈電磁気学について〉

電流に磁場が伴って磁流が流れる心臓の動きは、心臓のメビウスコイルとなるので、「心臓のメビウス呼吸法」を行えば、いつまでたっても年を取らない。つまり大自然のエネルギーを心臓に吸い込み、下腹部と脳に送り、また心臓の裏から吐き出すことだ。

〈水晶が交信する相手は宇宙〉

水晶は玄武岩の浄化装置として使った。

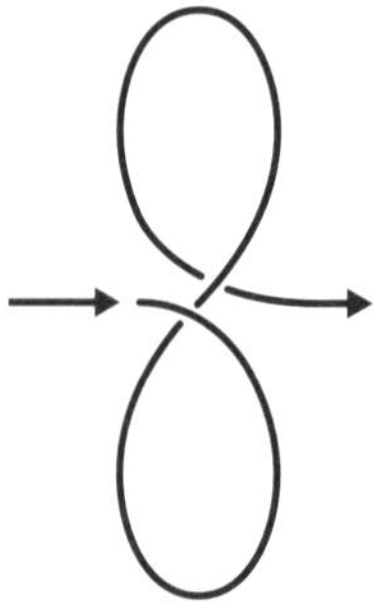

図7

平らな面から入力して尖った面から放出する。水晶が交信する相手は「宇宙」。

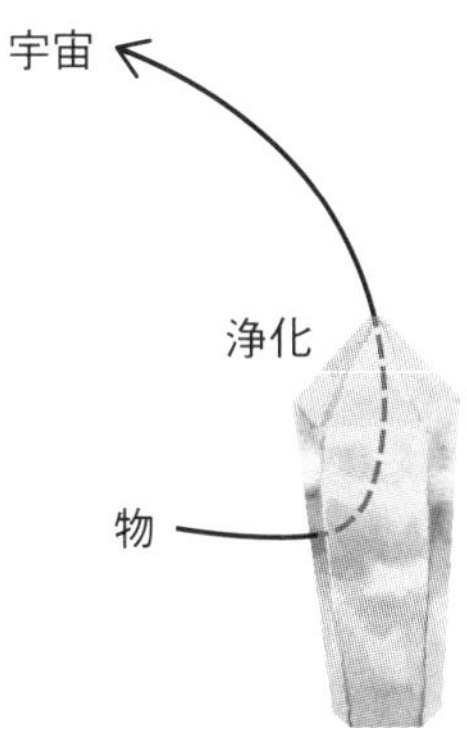

図8

〈磁場と想念の関係〉

磁場が揺らぐと重力になる。重力が揺らぐと想念波になる。揺らぎのある磁波は磁場が揺らぎ、さらにそれが揺らいでテレパシーとなって伝わる。フォッサマグナ、中央構造線は磁場の揺らぎであり、異世界とつながりやすい。水晶は揺らぎのある磁波を吸収、放出している。水晶はテレパシーを乗せやすい。

〈各次元に代表される生命体の代表例〉

3次元生命体─縦横奥行き─百獣の王、ライオン

4次元生命体─時間を味方につけて経験を知恵に変える─賢いとされるカラス、インコ

5次元生命体―エネルギーの世界に生きている・自分がやりたいことを念の力で実現する・自己変身できる―変身（変異）するコロナウィルス、現代文明の主要エネルギーである電力

6次元生命体―本来どうあるべきかという方向性を見定める力、南北の方向を決める磁力

第2章

ヒマラヤ聖者の法則「アイアム　I AM」

普遍性と再現性

ここで、アイアムＩ ＡＭと「宇宙力」の関係についてご説明しましょう。

宇宙力は唯一、人間の心（マインド）を通してのみ働きます。

人間の心の根底にあるのは、私はこういう人間だ、という自画像です。たとえば、あなたの家系は力が弱いと言われたらあなたは力が出ません。逆に、あなたの家系は力が強いと言われたら、私は力が強いという自画像をつくるので、宇宙力が働いて力が出ます。

結局、私は私のことを何ものとしてとらえるかによって（自己定義）、現れる宇宙力の姿が変わってきます。

このことの重要性を表すために、アイアム Ｉ ＡＭと呼ぶのです。

アイアム　I　AMのあとに続く言葉が、宇宙力を呼び込むのです。

これまでの人生の中で、意識が万物に影響を及ぼすという現実（事実）を、多数経験してきました。

考えてみると、宇宙ができる前は「神の意識」しかなかった。意識が物質をつくったのだから、今もその自覚を持っていれば、心の力で万物の現象を左右することができるだろう、というのは当たり前のことです。

私が目標とするのは、単なる不思議現象ではなく、「普遍性と再現性」です。

普遍性とは誰がやっても起きる、同じ結果が出ることです。５Ｗ１Ｈだと「Who」。たとえば「私がやるとできるけれど他の人がやったらダメ」というのは、「私」という主語にとらわれていることになります。

ヒマラヤ聖者の法則に、「アウム」という言葉があって、これは「アイアム I AM」のことです。そこにあるのは、「私」と言ったときに、自分以外の人を否定する私であってはいけない。誰がやっても成り立つものでなければいけないというのが、ヒマラヤ聖者の説です。

その点から考えると、普遍性がないものは偽物になるということです。

再現性とは、何回やっても同じことが起きる、どこでやっても同じ結果が出ることです。5W1Hだと「When」と「Where」。神の意識が、宇宙ができる前の唯一の存在だったとすると、そこから時間と空間が生まれました。

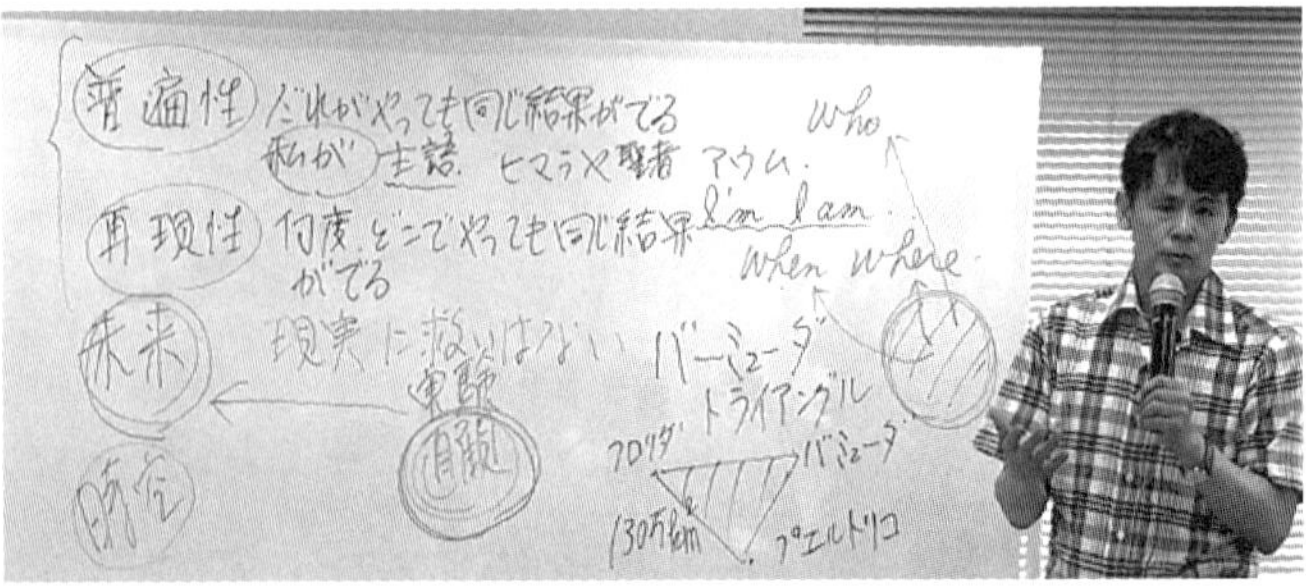

図９　普遍性と再現性

神の意識が大元であったら、「私」にとらわれてはいけません。いつか失敗するとか、どこの場所にいたら失敗するとか、「Who」「When」「Where」にとらわれたら、それは真理ではないので、普遍性と再現性を求めて探求し続けています。

自己定義と記憶の書き替え

人の魂は（ある）星からやってきます。地球は重力が非常に強いので、その強い重力場の中に閉じ込められると記憶を失い、失ったまま脳の中に入ってきます。

私は生まれた瞬間から自分探しが始まっていますが、脳の中に入るときに頭頂から時計回りに1回転半して入ったという記憶があり、のちにその頭頂がサハスラチャクラだということを知りました。そして肉体に宿った瞬間パッと後ろを見ると、身長が非常に高い守護霊が5人立っていました。

1歳になるかならないかという頃、よちよち歩きをして、柱に手をかけて立つとみんなが拍手をしたので、「あ、立つと喜ぶんだ」と思って、それから懸命に立ったり座ったり、屈伸運動をするたびに拍手をもらう。そのときに人というのは承認欲求を持っていて、他人に認められて、初めて自分の存在価値がわかるのだと発見しました。

人は生まれた瞬間に自分を失う、自分を忘れてしまうのです。誰しも過去の生命体があって、生まれ変わったときに善い部分も悪い部分も引き寄せます。どうして引き寄せるのかというと、「私は〇〇である」と、それが自分だと思っているからです。

たとえば、何度も犯罪を繰り返す人は、「自分は犯罪者」だと定義づけています。ところが、「あなたは犯罪者ではありません」と新たな定義づけをすると、犯罪行為をしなくなります。

人間のすべての行為は自己定義から始まっています。
これが人生観の本質と言えます。

「私はこういう人間である」という自己定義に基づいて、趣味を楽しんだり会社をつくったり人間関係を形成したりします。それは脳の中のある場所に、ベースとして「自分はこういう人間である」と定義づけをしているからです。その定義にのっとって人生を選択しています。

しかし前世から引き継いだ善い悪いは整然と判別されているので、パーソナリティーは永遠に変わりません。ところがこれをもう一度組み立て直してみたらどうなるのか。

悪いと思っていたところが、もしかしたら善いかもしれないし、善いと思っていたところが悪いかもしれません。これはその人の個人的な視点で分類しているだけですから、このままだと生命の進化は起きません。

だからこの世に生まれて記憶を無くし、前世で悪いと思っていたけれども、実は善かったかもしれない、前世で善いと思っていたけれども、実は悪かったかもしれないというように、再分類が起きるわけです。再分類するためにはいったん忘れなければいけません。

私たちは重力場の中に閉じ込められて前世の記憶を失います。その上で、再定義が始まります。「記憶の書き替え」というのを聞いたことがあると思いますが、実は生まれ変わること自体が「記憶の再定義、書き替え」になっています。

私たちはいったん記憶を失い、生きているうちに徐々に潜在させられたものが表に出てきます。それが人生を左右していきます。大学を選ぶのも、交際する人を選ぶのも、結婚相手を選ぶのも、潜在させられたものが徐々に刺激されて出てきて、その上で人生を選択します。

人類は、最終的には、「すべて善し（オール善）」という境地に到達するのだろうと思います。

「ソーハム So Ham」すでに私はその人である

『ヒマラヤ聖者の生活探求』（ベアード・T・スポールディング著）という本の中に、「悟りの本質というのはアイアム Ｉ ＡＭである」とあります。Ｉ ＡＭ

は直訳すると、「私は〇〇である」ということです。

具体的には、1930年代の初頭、アメリカのガイ・バラードという人が「I AM運動」を始めました。1930年代、すなわち第2次世界大戦が始まる前に、一種の自己啓発運動が起こったのです。「I AM運動」は神智学をつくったヘレナ・P・ブラヴァツキーの教えを継承しています。それと同じことが『ヒマラヤ聖者の生活探求』という本に載っています。

私のテーマは、「アイアム I AM」をどうやって活用するかです。サンスクリット語では「ソーハム So Ham」。これは「もうすでに私はその人である(So Ham である)」という意味です。

「なりたい自分になれる」よりも、「すでにそうである」と定義したほうが、はるかに力強くパワーがあります。

「I am that I am」物質化の法則

自分が自分を定義することはとても重要なことですが、神ご自身も自己定義します。

旧約聖書の『出エジプト記』３の13～14節には、「神様、あなたはどういう存在ですか」と聞くと、「エヘイェ・アシェル・エヘイェ」と答える。

これは「I am that I am（私はそれと呼ばれる存在である）」です。簡単に言うと「私は何にでもなれます」という意味です。

『創世記』に「神が天と地をつくり、太陽をつくり、地球をつくった」とあり、これは物質化の法則です。

神が山をつくったとき、「私は山ではないけれども、山をつくれる」と思ったら山をつくれなかったでしょう。「私は山だ」と思ったから山ができた。物質化というのは、心からそれは自己自身だと思っているからそれを生み出すことができるということです。

このように『創世記』から願望実現の法則を抽出することができます。つまり、そのものになりきらなければいけないということです。

たとえば、私たちが胃を病んでいるとすると、「胃よ、治りなさい」では治りません。「今ここで苦しんでいるのは私だ。私は胃そのものである」と思った瞬間に胃が言うことを聞く。私は胃そのものであると思わなければいけない。

オイゲン・ヘリゲルの『弓と禅』という本の中で、弓の達人が的の前に線香を灯して闇夜の中でバチンと的の真ん中を射抜く。それは、「私が的に弓を当てると思ったら当たらない。私は的だと思うから的に当たる」というものです。

外出先で鍵を無くしたと思ったが、帰ってくると玄関の前で鍵が見つかるという人がいます。それは「私は鍵自身だ」と思ったから、目の前に出てきたわけです。

旧約聖書の、『出エジプト記』と『創世記』を重ね合わせて浮かび上がってくる「願望実現の法則」は、念ずるときはそれを自分自身だと思わなきゃいけないということです。

考え方一つで人生が大きく変わります。影響を及ぼそうとしたら、「私はそれ自身である」と思って言わなければいけません。

新約聖書の『ヨハネの黙示録』第1章の8、「私はアルファであり、オメガである」とあります。これも自己定義です。「私は始まりであり、終わりである」。どこまで行っても、「私」はずっと「私」です。

旧約聖書の「私はありとあらゆるものである」は空間的な広がりを感じ、新約聖書は時間的な流れを感じます。その時間的な流れの中でも変化しない自分を見つめているというのが、イエス・キリストとなって現れた創造神の姿です。
新約聖書は時間的性質を持ち、旧約聖書は空間的性質を持っていると言えます。

「Doing と Being」可能性の広がる自己定義をする

脳のどの部分で自己定義が行われるのかは解明できていませんが、脳の非常に深いところで自己定義が行われているということだけは間違いありません。

自己定義を書き替えるということは、自分の人生をすべて書き替えることに匹敵する出来事です。

自己定義は、自己認識と言ってもいい。自分はどんな人間なのか。脳生理学は無から有は生まれないと考えているので、自己定義が生まれるには、その前提となる記憶が必要というところから始まります。私たちは生まれてからこれまでの数多くの記憶の中から、「これが自分だ」と思うものを寄せ集めて自分を定義します。様々な経験による記憶を選択して、徐々に自分像をつくっていきます。

では望ましい自己定義とは何でしょうか？　それはできるだけ行動の選択肢が増える定義です。まずいのは自分の可能性を狭めていくものです。ですからどんどん可能性が広がる方向に自己定義していきましょう。「私は○○できる」という自己定義の仕方がベストです。

2つの側面を持つ「Buddha ブッダ瞑想」

自己定義には2つの側面があります。

「今私はこのような行為をしている」。これは現実的に実感を伴った自己定義で「Doing（私は○○をしている）」です。

あるいは「私は人の言葉に感動する人間だ」。これは自分の特徴を表現したもので「Being（私は○○である）」です。

BeingとDoingの頭文字のBとDを合わせて、私は「Buddhaブッダ瞑想」と名付けています。しかもDが2つあるので、思っているだけではなくて実際に実行する。アイアム　I　AMを考えるときは、この2つの側面が必要です。

「ブッダ」という言葉はサンスクリット語で、「知る」「目覚める」という意味。「ブドゥ」という動詞があり、サンスクリット語は動詞から物事を認識するという入り方をする場合が多い。「知る」「目覚める」という「ブドゥ」の過去分詞形を「ブッダ」と言います。

ブッダは、「私はすでに悟りを開いた存在だ」と言っています。

「私はすでに悟りを開きました」という表現で、「それはもうすでに終わったことです」と過去に追いやることによって、「私はそのような存在である」というように、Being と Doing を統一しています。この働きをブッダといいます。「願った瞬間に全部叶っているのがブッダである」というのが、この言葉の定義からありありとうかがうことができます。

千の記憶と千手観音

私たちは、生まれてからの数多くの記憶を持っています。１つの神経細胞の中にある記憶が、そしてその記憶に関連したさらなる記憶が、脳内でたくさん紐付けられていきます。１０００億個ある脳細胞の１つ１つに、様々な記憶が紐付いていています。

１つの記憶に対して１０００以上の記憶が紐づいている。まるで千手観音そのものです。千手観音は記憶が非常にクリアで、悟りを開くと１つの記憶に対して１０００の記憶がパッと浮かびます。

千手観音の働きをもってすればブッダになることが可能になります。１つの記憶に対して１０００以上の記憶を付随させて思い出して、そこから自己定義する。ブッダは過去分詞形だから、その自己定義したものはすでに叶ったものと思う。それはアイアム　I　AMの内容にもなってきます。

アイアム　I　AMとは祈り方であるということです。

地球は Being の星

ヒマラヤ聖者は、「地球人はある星からこの星に来て、もといた星にまた戻らなければいけないのに、いつの間にか戻らなくなった。地球の近くでずっと輪廻《りんね》を繰り返している」と言っていました。

聖白色同胞団やイエス・キリストを中心とした集団は、地球と異星とのつなぎ役をしながら地球の進化をつかさどっています。

その集団の生命体は地球に生まれる回数が少ないらしく、地球人の中で浮いてしまうというか馴染まない。私も最初はそうでした（笑）。生まれてからすぐに、この地球はなんと重力が強いのだろうと思いました。肉体による束縛がすごく強い。

1993年、超越気功協会をつくったときに瞑想をしていると、ある星から光の集団が輪廻転生をするためにこの地球にやってくるのが見えて、その魂に「何のためにこの地球に生まれるのですか」と聞いたら、「私たちは地球を変革する先駆者です」と言いました。

「どういう先駆者ですか」と聞くと、**「いまだに地球はDoingだけで評価をする。何かをしていないと無能とか役に立たないと思われるが、実はそこに存在するだけで役に立っているということを教えるために生まれる」**と言われました。

「それを人々に発表するのですか」と聞いたら、「そうではなくて、このままでいいという悟りを得たら、それは想念体に刻まれて徐々に地球の環境を変えていく。個人の気づきが地球のアカシックレコードに記録されて、１９９３年から20年たった２０１３年頃から地球がどんどん変わっていくだろう」ということでした。


つまり地球はBeingの星です。そこにいるだけで尊いという価値観を見出せなかったら、地球には進歩がないということです。

人は常にDoを求められ、そして傷つく。傷つきながらも「これでいいんだ」ということを悟るために生まれています。

光の地球霊王「ババジ」

ヒマラヤ聖者によく似ている闇の組織もあります。闇の王と光の王を判別するのは私たち人間です。

光の地球霊王であるババジは、通常霊体で存在しているので肉眼では見つけられません。時々人間の肉体を借りて肉体に宿ったりしますが、彼らが唯一物質化できる場所は、ヒマラヤの標高3000メートル以上の場所です。標高3000メートル以下だとバイブレーションが荒過ぎて幽体が傷つきます。

ヒマラヤ聖者は日本を重視しています。なぜなら日本は、「アイアム I AMの核心に関わる場所」だからです。それは日本人の覚醒が世界を変えるということであります。

日本人の念というのは、宇宙を揺り動かすほどのパワーがあります。だから日本人は自信を持つ、自己否定しないことが大事です。

そのためには日本人が日本文化を愛することです。特に和の精神に目を向けることです。

不動明王の「一直線に進め！」

悟りというのは、自分で自分の悟りのレベルを決めていいのです。誰かに合わせる必要はありません。誰かに合わせようとすると自信が揺らぎます。揺らぐのが一番まずい。

どう定義するかではなくて、揺らぐことを防ぐのが重要です。
これが、内なる自分を極めるということです。

とりあえず定義して、それを貫いて、その都度修正するのです。いきなり完成像に行くわけがありません。どんな人間になるかよりも、いったん決めたら一定期間揺るがないことが重要です。

私は小学2年の頃に突然血圧が250になり、親に病院に連れていかれ「死ぬかもしれない」と言われたので、そのあと真言宗の寺に連れていかれました。そのときに初めて不動明王と出会って、「不動明王って本当にいるんだ」と思いました。

部屋で不動明王の瞑想をしていると、本当に火炎のようなものが出てきました。

そのときの会話です。

「あなたは剣と縄を持っていますが、どうやって使うのですか？」

不動明王が驚いたような顔で私を見て、「こんなことを聞く人間は初めてだ。よし、教えてやろう。最初に縄を使う。次に剣を使う」

「なぜですか？」

「やらないほうがいいことをまず決めて縄を使う。そうしたら、私が剣で邪魔しているものを断ち切って人生を前進させる。普通の人間は、あれがやりたい、これがやりたいと頼みに来る。そうではなくて、これはしません、あれはしません、それでどうしたらいいでしょうか？　と聞いてきたら教えてあげる。でも、あれしたい、これしたいと言ったら教えない」

と言われました。

神仏というのは人の意識の中に間違いなく存在します。それは肯定的な意識です。人間を励まし、勇気づけ、その方向でいいのだよと教えてくれます。

そのとき不動明王に「人は一生の間にどんな指針をつくったらいいでしょうか？」と聞くと、「どんな指針でもいい」と言われました。

「大事なのは揺れないことだ。自分が選択した人生だろう。その結果が幸と出ようと不幸と出ようと決して後悔してはいけない」。

一番の罪は後悔だそうです。

「心配だらけでもいい」

「なぜ心配だらけでもいいのですか？」

「では本当のことを教えてあげよう。実は神もまだ完成していない」

「どういうことですか？」

「神というのは膨大な集合意識だ。宇宙はできてまだ間もないから神もどれが善か、どれが悪か定かではない」

だから一人の人間の失敗ストーリーは全部参考になるのだそうです。一人の人間が失敗してしくしく悩んでいても、それは神から見たら「おまえよくやったね」となります。

「おまえのおかげで、どうやったら失敗するかわかった。この世に生きる人間は97％失敗する。３％だけ成功すればいいのだよ。成功も失敗も全部肯定する。だから行け」と言われたので、「どこに行くのですか？」と聞くと、「おまえの行きたいほうに行け。決して後ろを振り向くんじゃないぞ」と言われました。

「後ろだけ振り向くな。時間を取り戻したいとか、そんなことを考える必要はない。一直線に行きなさい」

宇宙の謎が解明できる６つの粒子

ヒトとモノの間を行き来する粒子を**スカラー粒子**といいます。ヒトとモノが対話するとき、**スカラー粒子**が飛び交っています。

モノとモノも対話しています。これを**プランク粒子**といいます。モノがモノを呼び寄せるというのは**プランク粒子**が呼び寄せるということです。

ヒトとヒトはテレパシーでやりとりします。これを**サイ粒子**といいます。

ヒトと出来事（コト）は**ベクトル粒子**でやりとりします。たとえば「きょう銀座で友人と会ったけれど、あの出来事は何を意味しているのかしら？　出来事さん教えて、と出来事に人格を持たせて対話します。そうすると、その出来事が「実は、あれはとても善いことが起きる予兆だよ」と言って、次々に似たような出来事を起こすというのは、ヒトとコトが対話できるからです。あることが起きると、同じようなことが立て続けに起きるのは、ある出来事が別の出来事を呼び寄せるからです。つまり、出来事と出来事の間を粒子が飛び交っているのです。

コトとモノも行き来するエネルギーがあって対話します。それを**スピリチュアル粒子**といいます。

身近な人に、新規取引先が決まったよ、という話をしたら、その身近な人も新規開拓が決まった。

これは、新規開拓という出来事が、新たな新規開拓という出来事を引き寄せたことになり、この二つの出来事の間に働いた力が、ユング粒子です。

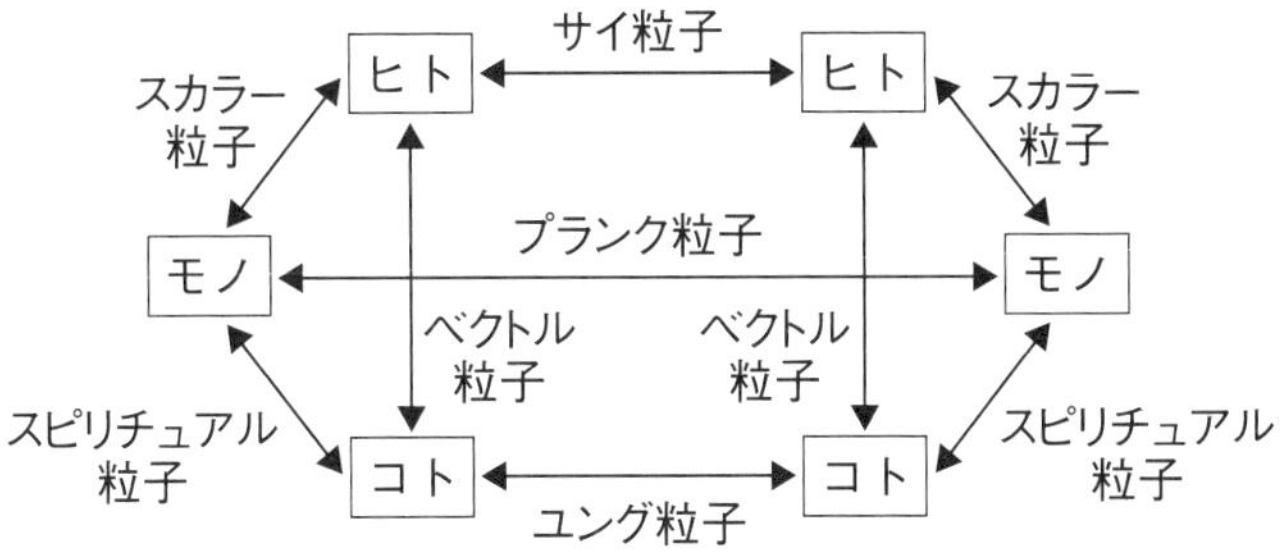

図10　ヒト、モノ、コトの間を行き来する粒子

この6つの粒子で、宇宙の謎がすべて解明できます。スカラー粒子、プランク粒子、サイ粒子、ベクトル粒子、スピリチュアル粒子、ユング粒子には意識があると認識すればいいのです。

これもアイアム　I　AMの中の一つです。誰もがそれらの粒子と対話できるということです。

地球人が発見しているのは、モノとモノの間のプランク粒子です。これが不確定性を起こす。プランク粒子は非常に微妙に動いているので、物体の位置と運動量を特定できません。動き回っているから不確定性原理が成り立つのです。地球の文明はまだプランク粒子しか発見していません。

地球人は、ヒト、モノ、コトの間を飛び交う粒子を哲学的に認識することが大事です。自分はモノとも対話できるし、出来事とも対話できる。人格を持たせた出来事から教わる。

これを反省といいます。反省とは自分をいじめることではなくて、きょう起きた出来事に教えてもらうことです。

これもアイアム I AMです。アイアム I AMの定義は抽象的ではなくて、日常生活に直結した最強の願望実現法であります。

記憶のネットワーク

脳内のどこで記憶の寄せ集めが行われているのでしょうか。それは脳の真ん中にある海馬を中心とした記憶のネットワークにおいてです。その中で幾つか選択されて、自分はこういう人間だと定義するところが脳の前の方にあります。これをメタ記憶中枢といって背側前頭葉の9野です。

ブロードマン*の脳地図には、脳細胞に番地がついていて複数の箇所で情報をやりとりします。

＊ブロードマン（Korbinian Brodmann １８６８－１９１８）は人の大脳皮質を詳細に調べ、層構造における神経細胞の密度や量など、厚さの違いにより、大脳皮質に50以上の番地をつけました。

人間は無数にある過去の記憶の中から自分像をつくっていきます。記憶のネットワークは海馬が中心で、海馬は視床下部とやりとりをします。視床下部乳頭体、それから視床前核群へつなぐ。これは後部帯状回へ伝わる。最終的に海馬に伝わります。

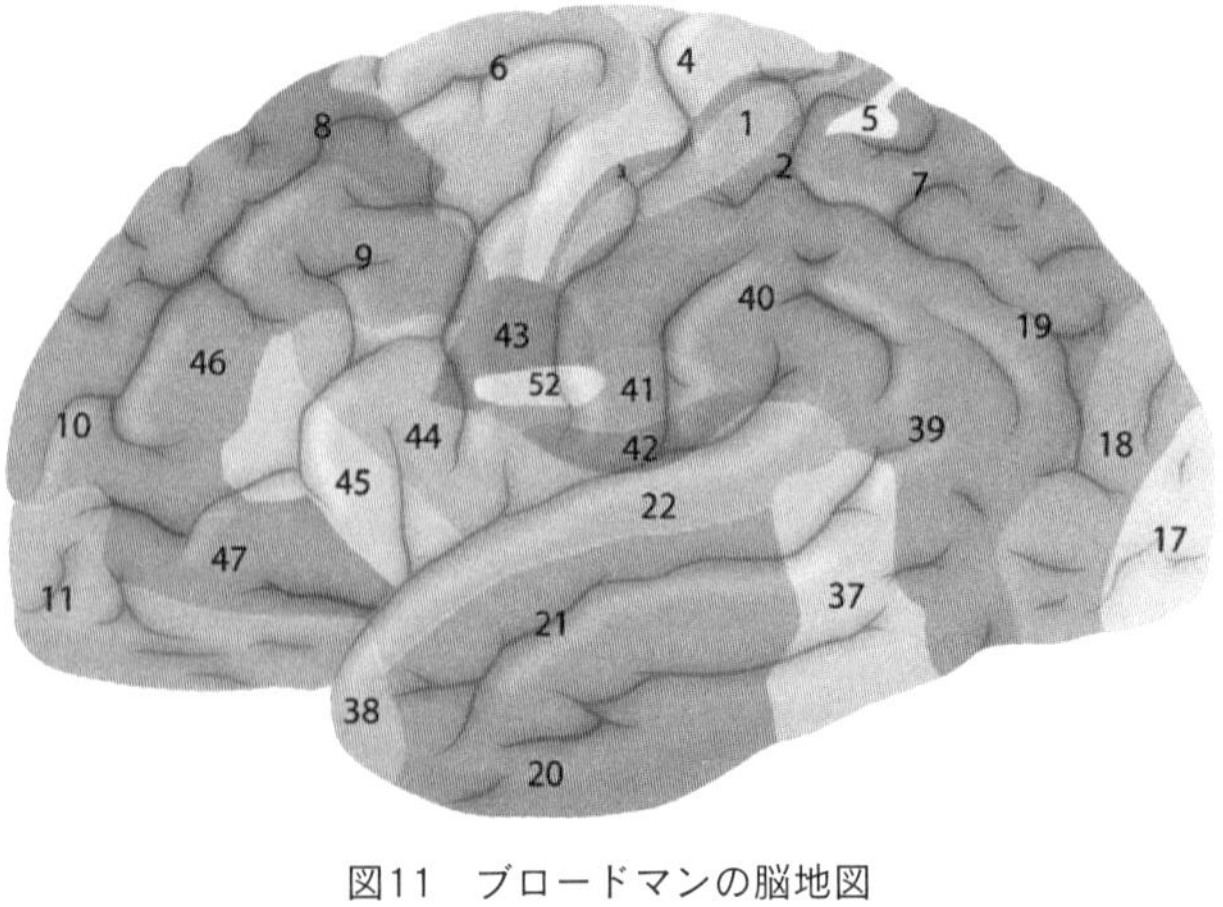

図11　ブロードマンの脳地図

視床下部乳頭体は学習と記憶をつかさどります。視床前核は情動または新しい記憶です。記憶の塗り替え、書き替えという話が時々出ますが、それは場所でいうと視床前核群です。

後部帯状回は喜びの反応に伴います。すごく喜んだ記憶は残りやすい。後部帯状回と海馬、乳頭、視床前核を立体的に描くと、正四面体に近いような形になります。これが記憶のネットワークです。

ピラミッドは発電体で記憶を取り戻す装置

記憶のメカニズムは結構複雑です。脳の中でどのように記憶のやりとりが行われているかを研究していくと、どう考えても脳の中にピラミッドに近い構造があるとしか考えられません。

ピラミッドは下が四角形です。ピラミッドの外側は石灰岩で、内側は花崗岩。花崗岩の成分は二酸化ケイ素。二酸化ケイ素はSiO_4でできています。

SiO_4というのは、まさにこの格好で正四面体をつくっている。全然違う形に見えますが、こういう分子構造をすき間なしに均一に重ねていくと正八面体、ダイヤモンドの格好になります。

ばらばらに並べていたとしても、すき間なく並ぼうとする力が働くのです。つまりひずみが起きます。

花崗岩はひずみが起きると電気を発生します。したがってピラミッドは発電体構造でもあり、記憶を取り戻す装置でもある。聖職者たちはこの中で記憶を取り戻しました。

現在の地球の学習は、前世の記憶を絶ったままゼロからやり直しをしています。ところが古代文明は、前世の記憶を取り戻させてその延長で教育をします。

だから非常に効率的な勉強ができました。

つまりピラミッドの構造物は記憶を取り戻すのに相応しい場所でした。その証拠として正四面体の構造をなしているということです。

この結晶構造をしたものなら正八面体のダイヤでもいい。あるいは二酸化ケイ素、水素でも構いません。原石の状態の尖ったままで、磨いていないクリスタルのクラスター構造を眉間に近づけて瞑想すると、記憶を取り戻しやすいのです。

このように宇宙の原理は無数にあります。しかもそれは地球の科学で裏づけすることができるということです。

アカシックレコードは人類共通の書き込み可能な掲示板

『ヒマラヤ聖者の生活探求』の本の中に、「人間には創造というのはない。再発見しかない」とあります。つまり、自分がゼロから発見したようだけれども、過去のいろいろな人たちが考えてきたことが空間にたまっていて、それが誰かにキャッチされたにすぎません。そのためにアカシックレコードが使われます。

アカシックレコードというのは、人類共通の書き込み可能な掲示板です。その積み重ねがないと、最後にゴールテープを切ることはできません。

自分一人の手柄で何かを発見したとおごり高ぶったら、その時点で終わりです。自分が最後に発見させていただいたという謙虚さを持つ。それまで無数の人たちがしかばねをつくったのです。

そして人は亡くなった人に対して「あの若さで死んでかわいそうに」とか言うけれど、死者に対して「かわいそうに」という念を送るほど侮辱的なものはありません。「よくやったね」と言ってほしいと思います。

早くして死んだ人から聞いたのは、「葬式で親戚じゅうから、『かわいそうに』と言われて、あれが邪魔になった」でした。当の本人にとって「かわいそうに」は、「残念でしたね。つまらない人生でしたね」ということになります。だから「よかったね」「すばらしかったね」と祝福してあげてください。

「I am him（私は彼である）」Ｉ ＡＭの次元

自分が考え、それを他人が実行する。これを図に描いてみると、マトリックスができ上がります。これも広い意味でのアイアム Ｉ ＡＭです。

志半ばに死んでいった人が地上を見たときに、「自分の考えをよく実行してくれた。自分が残していった念をキャッチしてくれた」これは「I am him（私は彼である）」です。

私の思いを実行したから、私は彼でもあります。

死後の世界に行ったら、Ｉという一人称は無くなります。We、Us しかありません。

霊界は全体集合意識なのです。そうすると、「I am him（私は彼である）」と思うから納得できる。自分以外の人が自分のアイデアを盗んで実行したと思ったら浮かばれません。アイアム Ｉ ＡＭには次元があるのです。

3つの時間軸と奇跡の宇宙法則

時間には3つの時間軸があります。

一つ目は、通常私たちが時計で見ている時間の**ロジカルタイム**です。通常の時間の流れの常識の世界です。

二つ目は、もしかしたらこうなっていたかもしれないという**パッシブルタイム**です。

私たちが心の中で、もしかしたらあのとき、こんなふうになっていたかもしれないと夢想したことは実在します。それはパラレルワールドと言います。パラレルというのはパッシブルタイムに存在します。

3つ目は**エッセンシャルタイム**（本質的時間）と言います。本当はこうあるべきだという世界です。

パッシブルタイムとエッセンシャルタイムの二つは、人類の心が考え出しました。

「もしかしたら、こうなっていたかもしれない」あるいは「本来はこうあるべきじゃないか」ということを一人ひとりが心の中でつくり出せば、それはメインとなってアカシックレコードの方向性を変えることができます。つまり運命を変えるということです。

私たちの目に見える世界は縦、横、高さ、この3本軸でできています。3本軸に時間軸を1個ずつ足していくと4次元、パッシブルタイムを足すと5次元、エッセンシャルタイムを足すと6次元となります。これが異次元と呼ばれる世界です。

これを述べたのが、『5次元宇宙の物理学』（ヒカルランド）です。もちろん

7次元、8次元、9次元の次元空間もあります。でも目に見える形のある世界が6次元空間までと考えられるのは、3本の空間軸と3本の時間軸だからです。だからこの中で運命が修正されていくということです。

では、この3つの時間軸を自覚するにはどうしたらいいのでしょうか。それは、もしかしたらできたかもしれないという柔らかな発想、それから本来どうあるべきか？　と自問自答する習慣、これを1日10分行うことです。

1日10分だけで運命が変わります。私たちが考えている瞬間は、天使がアクセスして「奇跡を起こしてよし」という宇宙法則があります。

何も考えていないのに勝手に天使が奇跡を起こしたら、それは干渉主義になります。宇宙連合は干渉主義を禁止しています。

本当はどうあるべきか？　と考えると、6次元の菩薩界にアクセスします。
可能性があったかもしれないと考えると、5次元の神界にアクセスします。
時間には無限の可能性があります。

第3章

時空間の揺らぎ

未来科学は「直感」を使う

今の私の関心は「未来」です。現状を見る限り、現代の文明に起きている様々な問題に対する解決策は、ほとんどありません。今こそ未来科学も含め、未来というものが求められています。

従来の科学は、「実験」によって生み出していました。しかしこれから必要な未来科学は、実験ではなく「直感」です。直感によって未来を創っていく。

直感　↓　実験　↓　実用化

直感が優位に立ちます。

私の科学に対する研究スタイルは、まずインスピレーションが降りてきます。その中には核変換の技術があり、ワープ航法、瞬間移動、タイムマシン、反重力装置といったものが計算（数式）で降りてきます。次の段階はこれらを実用化することです。

電子を帯びた雲と時空の揺らぎ

時空の揺らぎとは、たとえば通常なら１時間かかるところを５分で着いてしまったという状況のことです。

有名なところでは、バミューダ・トライアングルです。フロリダ、バミューダ、プエルトリコの３箇所を結ぶ、面積１３０万キロ平方メートルという莫大な広さの魔の三角地帯です。ここで飛行機や船が突然消息を絶ちます。

1945年12月5日、アメリカ海軍のアヴェンジャー雷撃機が消息を絶ったという事例があります。その中にはフィクションと思われる部分もありますが、冷静に分析すると、報告書の中に「白い水に突入する」などの表現があります。

こういった世界の不思議現象を研究した日本の物理学者がいましたが、名前は明かされていません。

東日本大震災直後の2011年3月15日に、実は奇妙な現象がたくさん報告されていました。異様な形の雲が出現して、すっぽりと車が包まれてしまった。しかもその雲は微かに光っていた。そしてハッとして周囲を見ると、昔懐かしい中世の光景が見えた。その光景は英国のヴィクトリア王朝の時代と日本の江戸時代をミックスさせたようだった。

これは単純に過去の時代に行ったというよりは、幽界のようなところ、いくつもの時空が重なっているところに入ったと思われます。

景色は不安定に揺らいでいた。人物は生き生きと生きているように見えた。その光景が見えた1分後に、爆発音が聞こえて元の場所に戻ってきた。

イギリスのベテランＵＦＯ研究家、ジェニー・ランドルズ女史が様々な超常現象を研究していました。１９８６年4月26日、チェルノブイリで原発事故が起きたとき、付近の住民が帝政ロシア時代と思われる場所に移動した。

どうやらこういった目撃事例や体験談を整理すると、電子がたくさん充満した雲が関与していると思われます。電子がたくさん充満した雲は白い水のように見えることから、電子が関わっていると推理します。

チェルノブイリも東日本大震災も共通点は放射能事故です。実は放射能事故によって人間の体に何が起きるかというと、人間の体から耐えられないほどのおびただしい電子が漏れていきます。

バミューダ・トライアングル、福島、チェルノブイリ、ここから浮かび上がってくるのは、電子を帯びた雲です。

また他の事例では、雲の中に飛行機が突入したときに、雲がグルグルと回転していたとありました。これは、2002年のSF映画、『タイムマシン』と非常によく似た状況です。

『タイム・マシン』(『The Time Machine』)は、イギリスの小説家H・G・ウェルズにより、1895年に発表されたSF小説。同名で2回にわたり映画化されています。

地球の磁気が異常を起こす「スーパーセル」

「スーパーセル」という、爆発的に上昇する積乱雲が、これから日本でもたくさん見られるようになります。そのときは雲が渦を巻いています。もしその中心に入ったら同じことが起きる可能性があります。上昇気流が発生すると同じ現象が起きると言われています。

一斉に真っ黒い積乱雲が天空に立ち上っていく現象、それがスーパーセルです。これは、地球の磁気が異常を起こしている状態です。

地球上空でワープ現象が起きるとするなら、どっちの方向に飛んでいけばそのような現象に遭遇しやすいのかを計算してみました。

電子をたくさん含んだ白く輝く雲がトンネル状に形成されていて、しかもその雲がグルグル回転している、その中に入っていったときに、異常な現象が起きることがわかってきました。あとはその現象を裏付ける物理理論があるかないかです。

過去と未来へ行くアハラノフ＝ボーム効果の応用

量子力学を変えた理論の一つに、「アハラノフ＝ボーム効果」というのがあります。

コイルを密にすき間なく巻いていくと、磁場は外に漏れなくなるので磁場の影響を受けないはずです。

電気のコイルが時計回りに回っているとしましょう。実は時計回りと同じ向きに回るものが、すでに昔に考えられていました。

それは「ベクトルポテンシャル（A）」が流れているというものです。

これは数学的に考えられたもので、物理学的な意味はないと思われていました。ところが、（A）の周りで電子を動かすと、電子の持つ波が歪みます。

磁場の影響はまったくないのに波が変形するのが「アハラノフ＝ボーム効果」です。つまり、ベクトルポテンシャルは物理的に存在するのではないかと考えられます。

それ以来、謎の（A）は謎のベクトルと呼ばれています。電気でもない、磁気でもありません。

電気が流れています。周囲の電子が右回りと左回りでは波動の歪み方が変わります。計算をすると、片側の電子は未来に行き、片側の電子は過去に行くようです。このような面白い現象が物理の世界ではあります。

地球の磁場は図12のように向いているので、地球のベクトルポテンシャルは、時計回りに回っています。すると何が起きるか？　地球の上には西から東へクルクル回っている未知のエネルギーが存在します。
私の理論の仮説では、東から西へ物体が移動すると少しだけ過去に行き、西から東へ移動すると少しだけ未来に行きます。

「アハラノフ＝ボーム効果」は波動のずれを応用することができます。将来、地球の科学が進んだら、地球上空を東から西へものすごいスピードでの高速回転を起こすと過去の時空に飛んで行く可能性、西から東へだと未来の時空へ飛んで行く可能性が生じることがわかるでしょう。

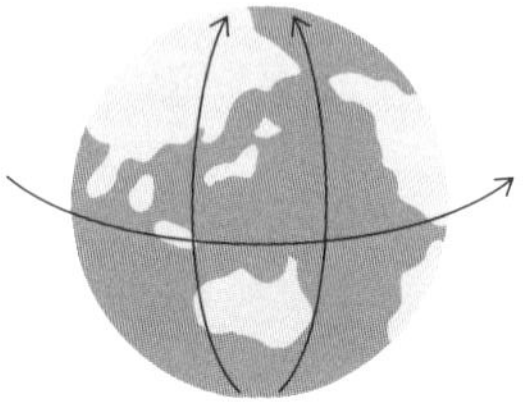

図12　地球のベクトルポテンシャル

アメリカ人の瞑想家の方から、「未来を予言するときは、自分が地球の上空に行って、西から東へクルクル回っている姿を想像すると未来が見えてくる」という報告があります。風水では東は未来を表し、西は過去を表します。これは偶然ではありません。

人類初のタイムマシンの原理

タイムマシンの理論はすでにできています。次は実験ですが、移動した未来が何年先なのかがコントロールできないので、どこに行くのかがわかりません。無事に帰ってこられるかもわからないのです（笑）。

コイルの周りをグルグル移動すると人間はめまいが起きるでしょう。高速で回転すると意識を失う前に吐いてしまうので、自分が回るのではなく、コイルの方を回す。これを計算で出したら結果が同じでした。

地球上空のワープ現象は、そこに飛行機が直進して飛行機がグルグル回ったという報告はありません。ですから飛行機の周りを電子の雲が回転したわけです。電子の雲の渦が二重回転運動を起こし、その中に突入した飛行機は異次元にワープします。

時空を移動した飛行機の周囲の雲の形成の仕方は、雲がどんどん渦を巻いていく乱気流の現象で、二重回転運動を起こしたときにこの中を通ると、人間も船も飛行機も消滅するのではないでしょうか。

つまり瞬間移動が起きます。これは数学的に整合性を取るために数式で表しました。

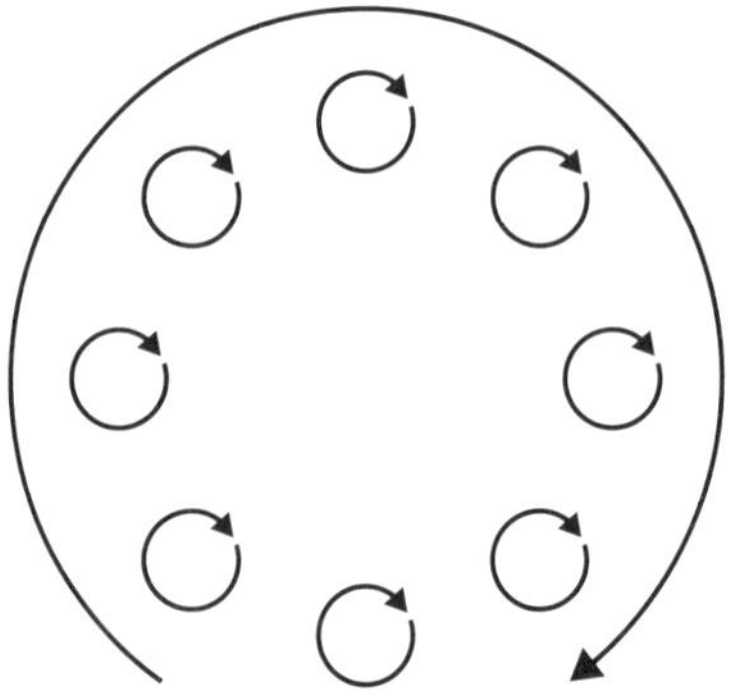

図13　電子の雲の二重回転運動

人類初のタイムマシンは、こうして二重回転運動を起こしたときに発明されるでしょう。

そしてワープ航法については、素粒子の位相関数がどう変化するかについて実験段階に至っていないので、どの時間軸に移動するのかがわかりません。

私の感覚では、これから30年以内にタイムマシンを作ることができるのではないかと思います。そうしたら人類は、月面へも火星へも瞬間移動できるようになるでしょう。

ワープ航法の秘密と人体の血液

人間の体の働きとしての「血流」とは、赤血球が運搬されていくことを示します。赤血球は「ヘム鉄」というタンパク質と結合した鉄のことで、赤血球が動くということは、血管の中を電流が流れているのと同じです。

たとえば、ピストルの弾は銃身内部に螺旋の溝が切られているので、弾丸はそのまま飛ぶのではなく回転しながら飛んでいき軌道を安定させます。

実は人間の体の中でも、赤血球や血漿が血管の中を流れていくときは、やはり渦を巻いているのではと思われます。このことは医療の世界で研究する人は少ないようですが、物理的には「流体力学」である程度想像がつきます。

血管壁には粘性があって、赤血球のスピードが少し落ちる。中央の部分は壁がないから速い。雁の群れのように、まとまって流れていくと想定できます。そうすると速度差が出てきて、必ず渦ができるというのが「流体力学」の定義です。血液は水と違って粘性があるので、血管壁と中央との速度差で渦を巻くと考えられます。

人体の健康の上でも、渦を巻いた方がいいわけです。たとえば、コレステロールが血管壁に付着すると問題が発生しますが、血流が渦を巻いて流れればコレステロールの付着も無くなっていきます。

血管の中を赤血球や血漿が流れていくときは、ピストルの弾のように回転しながら流れていきます。その血管がさらに蛇行しながら渦を巻いていけば、その中を流れる血流は二重血流となって、二重回転運動を起こします。

血流の速度をあげればあげるほど、二重回転して流れていく現象が起きやすくなります。

トルコのスーフィズムというダンスは、回転を続けながらやがてめまいが起きなくなったときにワープする可能性があります。

異次元に行きやすい人は、通常よりも血流が速いと思われます。血液がサラサラで、なおかつ血液量が多い体質、この体質を実現するのはなかなか難しい

ことです。血液を増やすと粘りやすくなり、少ないとサラサラになりやすいからです。血液が豊富で、かつ血流のスピードが速い状態をつくるのが、時間の流れを超えて、いつまでも若々しくいる秘訣になってきます。

そうすると、血液が豊富かつ血流のスピードが速い体質をつくる食事の研究が必要になってきますが、昔、空を飛んだりワープすることができた仙人たちは、「**ヨモギ**」を手に入れて常食していたことは間違いないでしょう。

人類は、回転運動によって「ワープ航法の秘密」を手に入れることになります。そのためには回転しながら自分の夢をイメージすることです。すると自分の夢に向かって人生がワープしていきやすくなります。瞑想するときも、グルグル回りながらイメージした方が夢は叶いやすいのです。

高度な精神性とＵＦＯのコントロール

将来できるものは、全部が機械だけで動くものではなく、人間の精神が関与しないと動かない機械だと考えています。

それは人間の意識と連動するものなので、ＵＦＯにしても人間がかなりの精神の訓練をしないと乗れないでしょう。地球ではまず、自分の感情をコントロールする必要性が、これからの10年ほどで増していくことになります。

ＵＦＯも宇宙人も、私たちの前に出現してくるのは、人間がある程度の高度な精神性を獲得してからになるでしょう。

ＵＦＯは、日本語で書くと幽（Ｕ）朋（ＦＯ）となります。この意味は、自分の幽体をそのまま機械化したのがＵＦＯだということです。

幽体というのは、自己顕示欲や怒りで乱れるものなので、感情によってその状態が支配されています。怒りを持つと怒った相手は元気になります。これは、自分のエネルギーをあげてしまうことになるからです。まずは負の感情を取り除くことが大事です。そして自分の幽体を乗りこなせたらＵＦＯにも乗れるはずです。

最終的には、ＵＦＯは人間の精神エネルギーで自己コントロールしていくことになります。幽体離脱によって幽体で大空を飛ぶのとまったく同じ原理です。

一番性能が高いＵＦＯは自分の幽体ですから、自分の幽体をコントロールできたら当然、宇宙文明はやってきます。今はまだ人類がそこまで到達していないので、ＵＦＯは降りてきません。

「右と左の法則」をマスターしていた古代の指導者

人間の体を上から見たら右回りが未来で、左回りが過去となります。

細胞を成長させて若返りたいときは、上から見て時計回りに回ります。がん細胞や過去のトラウマによって発生した心の傷や病気を消すときは、上から見て反時計回りに回ります。

ムーやアトランティスなどの古代の指導者たちは、このやり方を直感によって心得ていて、「右と左の法則」をマスターしていました。

私たちも宇宙文明に入るために、このシンプルな法則をマスターすることです。

赤ちゃんがお母さんのお腹の中から出てくるときは、必ず産道を回転しながら生まれてきます。これは高次元が低次元に出現するときと同じです。たとえば渦を巻いている画像などは、高次元のエネルギーが低次元に現れたときに必ず見られる現象です。

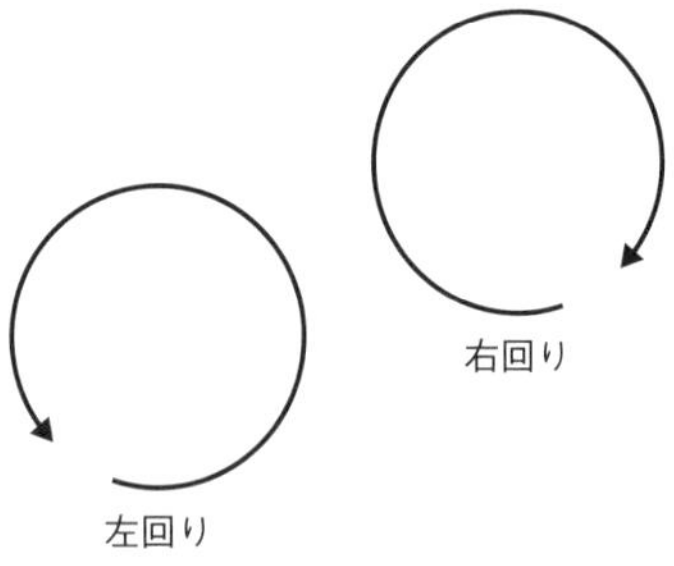

図14　右と左の法則

3次元から2次元に物体が出現するときは最初は単なる点です。点は動きがないけれど、唯一回転運動ができます。高次元が低次元に入るときは、右か左かどちらかに回転しています。回転しないと入れない仕組みになっているからです。

チャクラも回転する渦です。これは高次元の生命エネルギーが低次元に降りたり、低次元の生命エネルギーが高次元に上ったりする通路だからです。

「作用反作用の法則」の摩擦力

疲れにくい体とは、エネルギーをどれだけ使い続けても無くならない状態のことです。

3次元では何か事を起こすと、必ず反作用が起きます。あるいは地上で走れば空気の抵抗が起きます。これは摩擦力です。

「作用反作用の法則」があるために、反作用で動けなくなります。反作用の動きが起きると、大抵の人は意気消沈してしまいます。意気消沈せずに、フリーエネルギー状態を保とうとしたら、社会や相手から来る反動、反発、反作用を、上手に自分のエネルギーにして取り込んでいくことが必要です。

摩擦力や反動エネルギーを味方につけて、自らのエネルギーに変えることができたら、それは逆に自分にとって推進力となります。

自分の意見に対して相手が「Ｎｏ」と言ってきたら、「なるほど、なかなか鋭い指摘ですね」と、いったん相手を受け入れます。すると認められた相手は、次は私も認めてあげようとなります。そのあとに「実はこういうことが言いたかったのです」と自己主張すれば、相手の負のエネルギーを取り入れたことになります。

大地に根ざす3次元チャクラと同期現象が起きる4次元チャクラ

３次元のチャクラはムーラダーラチャクラで、大地に根ざすことを意味します。

４次元のチャクラはスワディスターナで、扉（二元性への扉）を意味します。これは自分以外の人を巻き込み、自分以外の人を味方につける同期現象を起こします。

たとえば複数の人間がスワイショウをやることによって、最初はバラバラだった手の動きがだんだんと揃って、同じ動きをするようになります。それはスワディスターナチャクラが開発されて対人関係が良くなることを表します。

この同期現象が起きるのは振り子の原理です。微振動が伝わる道具（棒など）は背景の場、振動が関係ない床などは物質ではない霊的な背景の場と考えられます。つまり同期現象とは、目に見える背景や目に見えない背景を味方につけると、本来なら伝わるはずのないスワイショウ*の振動が相手に伝わるのです。

＊スワイショウとは、腕を振るだけの簡単な気功のひとつです。中国に伝わる健康体操で、腕や手をポーンと放り投げるという意味があります。

このように、これまでは波動が重要とされていましたが、これからは場が重要になります。場が整えばお互いに一致した行動を起こす、同じような行動が起きる同期現象（シンクロニシティ）が発生します。

同期現象が起きる例として、ある人に電話をかけようとしたら相手の方からかかってきたり、赤の他人の二人が同じ夢を見たという話も聞いたことがあります。

4次元とはアインシュタインが発見した時間とリズムです。同期現象のメカニズムは、背景の場を通し、自分でもない相手でもない、言わば集合無意識にアクセスすることで、対人関係が改善され良くなっていきます。

エネルギーの増幅現象が起きる５次元のチャクラ

５次元のチャクラはマニプラチャクラで、エネルギーの世界を意味します。人体のエネルギーはアデノシン三リン酸（ＡＴＰ）の形でたまると言われています。リン酸基というマイナスの電気がこの中の一箇所に集まっていて、このエネルギーを使って私たちは生きています。

このエネルギーをつくりだすのはミトコンドリアです。ミトコンドリアは電気が反発する力でエネルギーをためてＡＴＰをつくっています（電気の反発力をエネルギーにしている）。

わかりやすくいうと、マニプラチャクラのエネルギーは人体の中ではＡＴＰとなります。５次元のエネルギーを開発していくと、日常生活に加速現象が起

きたりします。その結果、少しの努力で大きな成果が出る、自分の一言が相手に100倍伝わる、これはエネルギーの増幅現象です。

「ミトコンドリア」神が与えた最高の宇宙人

5次元エネルギーのマニプラチャクラを日常で活用する方法は、ミトコンドリアを増やせばいいのです。

ミトコンドリアは脳や肝臓にもありますが、一番重要なのは、下半身の大腿部の筋肉なので、スクワット運動を行うのがベストです。

スクワットをやると奇跡が起きやすくなり、高次元のエネルギーが降り注いできます。

高次元とは妄想の世界ではありません。大腿部の筋肉を動かすことによって、高次元のエネルギーが作動して、奇跡が起きやすくなります。この奇跡はミトコンドリアが起こします。ミトコンドリアの遺伝子は、人間のミトコンドリアとは全然違って未知の世界からやってきます。これは異星人のようなものです。

人間の体の中にはものすごく進化した宇宙人がいます。自分が持っているものを使わずに、外のものを信仰しても意味がありません。外のものに頼ったら、日常生活が破綻して人生が破滅しますから、宇宙人に出会うよりミトコンドリアに出会った方がいいのです。

神が与えた最高の宇宙人は、人間の中にある「ミトコンドリア」です。真の神秘現象とは、ミトコンドリアを開発して、自由自在に異次元を体験することができるようになるということです。

日常に折りたたまれている6次元空間

6次元のチャクラはアナハタチャクラで、これは方向性を決めるチャクラです。

たとえば旅行に行くときは、まず方向性を決める＝目的地は磁石で決める。次にガソリンを入れる＝エネルギーとなり、目的地までの時間を設定して移動する＝運動が起きる。

このように私たちの生活の中には、すでに6次元空間が折りたたまれています。異次元空間（高次元）とは、かけ離れた世界のことではなく、日常生活を最も効率よく進めるために必須の知識です。

６次元から降りてきたのが磁気の力です。磁気を発生させるためには血流を良くしていくこと。血流を良くしていくと、ヘム鉄が流れて電気が発生し、電気が螺旋状にクルクル回転して血流が良くなって磁気が発生します。

磁気は次元が高く、遮蔽することは難しい。ベクトルポテンシャルも次元が高い「アハラノフ＝ボーム効果」によれば、遮蔽しても遮蔽してもベクトルポテンシャルが漏れていきます。磁気もベクトルポテンシャルもこの世のものではありません。

現代は電気文明ですが、次は磁力文明がやってきます。人間はリニアモーターカーでなく、最初から瞬間移動装置を作ればいいのです。

私は今、未来技術を次世代産業に働きかけています。二酸化炭素を酸素に変える技術を開発していますが（２０２１年時）、すべては地球を住みよい星にするためです。

幽体離脱の「右ネジの法則」

「右ネジの法則」というのがあります。幽体が肉体と結合するときは、右ネジを回すように入っていきます。これは上から見て時計回りです。

世界中の幽体離脱者の証言によれば、出ていくときは左回りで1・5回転（図15—1）、戻ってくるときは右回りで1・5回転（図15—2）している、という体験が多数あります。

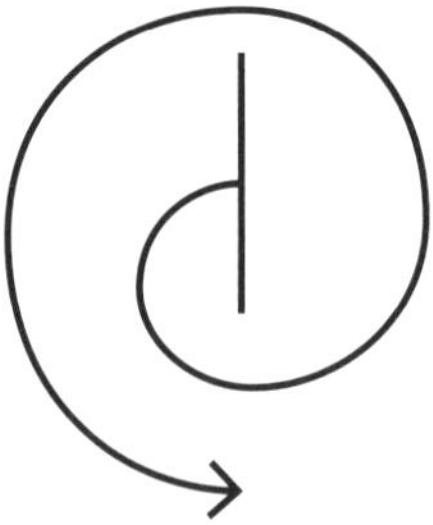

図15－1　上から見て左回りの1.5回転

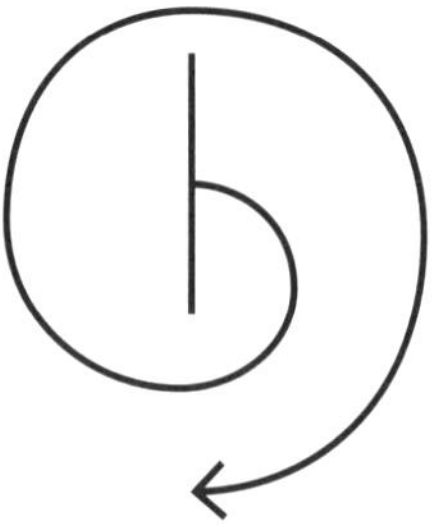

図15－2　上から見て右回りの1.5回転

「万物は波動」波の形にすべての情報がある

フランス貴族の物理学者ルイ・ド・ブロイの発見は「万物は波動である」というものです。これを、オーストリア出身の理論物理学者エルヴィーン・ルードルフ・ヨーゼフ・アレクサンダー・シュレーディンガーが発展させました。当時は、ものは粒子でもあるし波でもあるとも言われた。それはびっくりする話なのです。

なぜかと言うと、仮に粒子なら、回転したり動いたり斜めに傾いたりする。粒子であり波動なら、回転軸の傾きとか回り方の情報が全部この中に入ってないとおかしい。どうやって入るのか？　少し深く考えてみるなら、波であり粒子であるというのは実に不思議なことなのです。

この波のどこに、回転軸の情報が入っているのか？　重さはどこに入っているのか？　これがもし正しいということになると、波の形が重要になります。

オシロスコープで見ると波の中にさらに波形があります。だから波の形に回転軸などの情報が全部入っていることがわかります。

何年くらいの粒子なのか？　場所、時間、性質のすべてが波の形に反映され、すべて書き込まれています（図16）。

現代物理学では、物質の波は1秒間の波の数だけ取り上げています。その方が方程式が

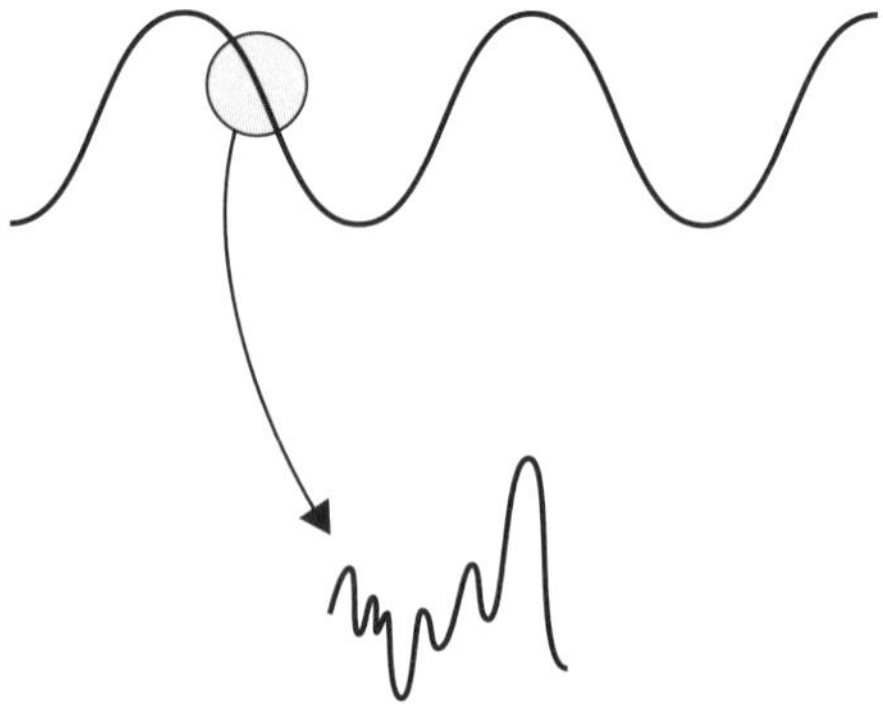

図16　すべての情報がある波の中の波の形

解けやすいからにすぎません。

ところが単なる波もよく見ると波の一部に様々な形をした波があるはずです。これは現代物理学では無視されています。つまり数しか取り上げていないのです。形は考慮されていません。

宇宙の実相がこんなに単純なはずがありません。

私たちの心臓も同様です。心臓の鼓動を精密に測る機械ができたら、経験してきた情報が心臓の鼓動の中にも全部記録されているはずです。

万物が波動なら、脳波や心臓の鼓動や細胞のリズムの中に、生まれてから今日までの人生体験が全部入っているはずです。

磁気振動と瞬間移動の原理

これまでは、地球の文明は、環境が自分に影響を与える一方通行のスタイルでした。だから優秀なヒーラーなどは、手を当てるだけでクライアントの心の傷などを読み取ることができました。

アカシックレコードも、鉱物に記録されたり地球の磁気圏の中に記録されています。地球の中心は鉄で、鉄は磁気も電気も記録します。

神智学でもアカシックレコードは、単に記録するものだけと理解されていました。それはただ影響を受けるだけということになります。

これからは、逆に自分の波動を変えることによって、自分の環境を変えることができるようになります。

たとえば、私たちは富士山にいるときの周波数と、東京タワーにいるときの周波数があって、これは環境の場の影響を受けていることになります。

ところが東京タワーにいるあなたが、あたかも富士山にいるときの周波数を作ることができたら何が起きるでしょうか？　それは瞬間移動が起きるという

ことです。つまりその周波数に相応しい場所に連れて行かれるということ。

将来的には、自分の周波数を変えることによって、逆に環境を変えたり、あるいはその周波数に相応しい環境に移動することになります。環境を変える、または違う環境にスポーンと移動する現象が、これから益々起きてくることでしょう。

周波数は磁気振動なので、人体の磁気振動をキャッチする機械が今は波動測定器としてありますが、原理は磁気振動です。磁気振動を自分で訓練して変えることができたら、それに相応しい場所に瞬間移動するか、または環境そのも

のが変わる現象が起きます。

光のスペクトル「夜明けの瞑想」

ではこの磁気振動のコントロール法とは何でしょうか？

人間は、脳のどの場所で磁気振動が作られるのかを理解しなくてはいけません。それは明らかに「松果体（松果腺）」です。

ではこの松果腺のリズムを、私たちはどうやってコントロールするのでしょうか？


松果体に影響を与えるのは、朝起きたときに太陽の光を浴びると出る（網膜に光の刺激が入ると出る）セロトニンです。わかりやすく言うと、光↓セロトニン↓松果腺↓脳の磁気振動の順序で影響が伝わります。つまり脳の磁気振動をコントロールするのは光の色です。

現状はまだマウスの実験段階ですが、セロトニンは網膜に入った青い光の刺激によって、「嫌な記憶を消すことができる」らしいのです。逆に言うと私の仮説ですが、赤い光を見たら良い記憶が増えるかもしれない。

七色の光の組み合わせによって、最初に青い光を見せて、次に赤い光を見せる。これは夜明けの光のスペクトルそのものです。

つまり夜明けの光の青はやがて朝焼けの赤色へと変化するので、朝早く起きて夜明けの光の変化を見たら脳の磁気振動は良い方向へ変わるはずです。

かの空海は、室戸岬で夜明けの明星で悟りました。確かに夜明けの光は私たちの松果体の振動を変えていきます。精神的に不安定なときは、青から赤への光のスペクトルをぜひ体験してください。

宇宙のあらゆる場所に磁気振動があって情報が入っています。その情報に影響されるだけでなく、それを逆に利用するには「夜明けの瞑想」を行って、悪い情報を良い情報に書き替える訓練をしましょう。

放射線が宇宙最強のエネルギー

いずれ人間は宇宙空間に行くべきです。水から陸へ、次は空間しかありません。進化の歴史からすると、宇宙空間に行く方が進化の法則には適っています。

では宇宙空間に行くためには何が必要でしょうか？

実は宇宙は放射能、放射線の塊ですから、将来的には宇宙線をエネルギーに変える生命と共存する時代がやってきますし、人類は必ず放射能、放射線を有効活用できる時代がやってきます。

そして初めて人間が難病を克服できる時代がやってきます。宇宙最強のエネルギーは放射線ですから、難病も不幸も超えてしまうことでしょう。放射線を動力に変えることができたら、人間が宇宙線と共存できたら、怖いものなしです。

人間が月面に住めるかどうかは、宇宙線をエネルギーに変えられるかどうかです。地球人は今ギリギリのところに来ています。地球を覆う磁気が無くなってきているからです。

ゼロ磁場というのは、NとN、またはSとSが向かい合って相殺すると言われますが、実はゼロではありません。少し向きが違ってずれていたら渦ができて磁場のスピンが起きます。

磁場のスピンは、重力や想念波を発生し、想いが実現しやすい場を作ります。

これが重要です。だから少しずれていることが大事で、それがパワースポットになるのです。

ミトコンドリアは合理性を求めた革命児

地球は約20億年の間、水素文明でした（生命は主として水素を用いていた）。そのあとミトコンドリアの登場で酸素文明になりました。

水素をエネルギーとして使うより酸素の方が数十倍の馬力（エネルギー）が出ます。

ミトコンドリアは合理性を求めた革命児です。

日本神話のアマテラスが水素で、スサノオが酸素のようなものです。スサノオは暴れん坊で活性酸素も出す。ちょっと迷惑だった。だけどある日突然、同居しようと出てきたのがミトコンドリアです。

人間の遺伝子とはまったく独立した遺伝子を持っているミトコンドリアは、生物学上の大いなる謎とされています。

もしかしたら他の星の知的生命体がミトコンドリアになって、この星の役に立ちたいと言って地球の海に宿ったのかもしれません。そして魚たちに陸を目指せと言った。それから両生類が生まれて爬虫類が生まれて哺乳類が生まれた。

だからミトコンドリアが海の中にいなかったら、私たちは陸（大地）に上がってきていません。

女性原理が支配する宇宙の中心

心臓は、大動脈が脳に流れる左肺動脈と、電気が逆向きに流れる右肺動脈の仕組みになっています。ここから言えることは、流れても流れても疲れない作りになっているということです。心臓を作った神は天才数学者です。

7番目のサハスララチャクラに当たるブラマランドラは、意識が脳の中に入って上方向を透視すると、シャンデリアのように見えます（14P図2）。そこからまっすぐに、パワーが全開する心臓のアヨディアに入っていく（45P図6－1）。

ブラマランドラは父なる神、アヨディアは母なる神です。

ヨガの世界でも、最後は母親に回帰します。暴れん坊のスサノオもイザナミに会いたい、最後は根の堅洲国《かたすくに》、つまり紀伊国《きいのくに》に行きました。

宇宙の中心は女性原理が支配しています。

地球界の大異変

異常気象は、磁気の減少によってすべて説明ができます。磁気が無くなり宇宙線が地球にどんどん入ってきます。

気象学者の１人に言わせると、マグマの活動が盛んになってマグマが噴き出してきたと言います。

北極圏は氷の厚さが薄い、南極は厚い。だからマグマの熱い蒸気が北極から出てきて、北極で吹いていたジェット気流が日本列島まで南下してきた。

そうすると零下になって寒い。すごく雨が降る。逆に赤道のジェット気流が上昇すると猛暑になる。

このシーソー現象が今起きています。

松果体は霊界の窓口

私たちは今まで、松果体が磁気を吸収して元気になる仕組みの中にいました。松果体が昼のセロトニンと夜のメラトニンのリズムをつくっていたのです。

天才数学者であり哲学者のルネ・デカルトが、「松果体には何かあるぞ。人類最高の秘密があるぞ」と注目したわけです。霊界と交信する場所が松果体だったからです。

つまり松果体は霊界の窓口です。神やキリストや守護霊が降臨してくるのは松果体です。松果体が全体のリズムを作っています。

人間はセロトニンとメラトニンが安定していると体力がつく、難病にかかりにくくなる、精神的にはやればできると思える仕組みを持っています。脳は否定的なので脳に問いかけてはダメです。精神を安定させるセロトニンはできることしかしないホルモンなので、無理なことはしないことです。

どんな自分であっても受容していくことが大切です。

強大な意志の力で創られた宇宙

神様はどうやって素粒子（物質）をお創りになったのでしょうか？　その順

番を理論的に解明してみましょう。

まず紐をつくった。
紐をブルブルと振動させて、その振動数によって電子ができた。
陽子ができた。
中性子ができた。
このように順番が決まっていった。

創造神の立場に立って結論を言うと、神の世界は莫大な熱量を持っていて、ものすごい高温です。そして、情熱の量が強いと陽子ができて、ゆるやかだと中性子ができます。そして結局最後は、強大な意志の力で宇宙を創ったということがわかります。

最後に重要なものは意欲と意志の力です。

第4章

重力を克服する

反重力は霊的な働き、重力は物質的な働き

すべての生命はいつか必ず死にます。人間は生まれてしばらくすると立ち上がり、死ぬときは必ず地面に横たわります。立ち上がるとは重力に逆らうということです。重力に従うと死が待つだけです。

反重力というのは生命力の象徴です。

魂は、霊的な世界からやってきて肉体に宿ると言われたり、ある星からやってくるなどと言われます。わかりやすく言うと、上から地球に向かって降りてくる、重力に沿った方向にやってくると肉体に宿るわけです。

一方、死んだときに地面の中に埋もれていったとかは聞いたことがありませ

ん。やはり昇天すると言います。

反重力というのは霊的な働きです。逆に重力はこの世的、物質的なものと考えられます。

たとえば植物は、あたかも重力に逆らった動きをします。明らかに水分も養分も下から上に吸い上げて、非常に生命力に富んでいて、地球上では最も高度な生命体と言えます。

植物を煎じて飲むと病気が治ったりするのも、植物の生命力によるものです。

下から上に上げる力、重力に逆らって動かす力は、死に至る人間をよみがえらせる力ともなります。

要は反重力とは霊的になることだと言えます。空中の未確認飛行物体が突然消える現象も、霊的なものになったということです。

この世的な実数と霊的な虚数

数学的な話をすると、この世的なものは数字で測ることができます。これを「実数」と言います。ところが霊的なものは測ることができない、これを「虚数」と言います。

虚数はドイツの数学者カール・フリードリヒ・ガウスが提唱したものです。不思議なことに数学の世界は、霊的な世界を暗示しているのではないでしょうか。

世界にはこの世的な実数と霊的な虚数というのがあります。

早坂秀雄氏の反重力実験

反重力的な現象が発表されたのは、物理学者の早坂秀雄氏が実験をしたところから始まりました。

真鍮《しんちゅう》とアルミニウムとケイ素鋼板を用いて実験したら、各金属を上から見て時計回りに回すと重さが軽くなった。逆に反時計回りに回すと重量が変化しなかったというのが「早坂実験」として、初めてアカデミーに報告されました。

もちろんアカデミーからは、「少しも変化しなかった」（１９９０年）という反論もたくさん出ました。この反論を唱えた人の実験をよく見ると、真鍮のブラスしか用いていませんでしたので、早坂先生*が使用したのと同じ金属を用いて実験するべきだったでしょう。

では、どんな物質を用いると大きな結果が出るかと言うと、それは磁性、磁力を持ったものを用いることです。

磁力を持ったものを回転させると、重量が変化することが発見されました。

磁力を回転させると、ある種の未知の力が働いて重力と等しい重力が生まれます。

近未来の乗り物は磁力を回転させることによって重力が発生する乗り物です。

磁力を利用して物体を推進させます。

これが近未来のモーターになります。

今は電気文明の時代で、電車が走ったり家電製品が作動したりしていますが、やがて「磁力文明」の時代が始まります。

宇宙船建造プロジェクト【NASAが資金提供を申し出た】反重力推進で宇宙に飛び出そう！（2007年、徳間書店）

＊**早坂秀雄**　反重力に関する研究の世界的先駆者のひとり。ロシア科学アカデミー学術組織委員、米国物理学会論文審査委員、元東北大学助教授（工学博士）。

空中浮揚を科学する

人間は、磁力の力を体内で実行できたら最高でしょう。磁性を持った物体を使用するのではなく、自分の体の中で、自分の意思によって磁力を回転させて、同じような現象が起きるとすれば、非常に面白いことになると思います。

そしてそれは、おそらく磁性に富んだアジナチャクラの回転によるものだと思います。

実際に空中浮揚した人たちを調べてみました。古くは「久米仙人＊」が、完全に空中を飛行していたと伝わっています。現代では、ヨガの成瀬雅春先生も空中浮揚しています。

＊**久米仙人** 伝説上の仙人。大和国の龍門寺にこもり空中飛行の術を体得したが、川で衣を洗う女の白い脛《はぎ》に目がくらんで墜落。その女を妻として世俗に還った。のち、遷都の際、木材の空中運搬に成功して天皇から田を賜り、久米寺を建立した。

空中浮揚は、自分を見つめ、内面に入っていくとできるらしいのです。成瀬先生はヨガの修行者なので、明確にチャクラが関係しているでしょう。チャクラとはエーテルが渦を巻いてクルクル回っているものです。

私も幼少時からチャクラが見えていましたが、14歳の頃は眉間のアジナチャクラが何回転するのかを数えたことがあります。ものすごいスピードで回るのです。「1秒間に7〜8回転」していました。

このあたりから空中浮揚を科学してみましょう。自分を見つめるチャクラは、明らかに眉間のアジナチャクラです。

アジナチャクラと天使の関係

アジナチャクラの開発プロセス

①もう一人の自分が部屋ほどの大きさになって自分を見つめると、自分がどう見えるか。

②次は、自分が日本列島くらいの大きさになったときに、自分がどう見えるか。

③次は、自分が地球大になったときに、自分がどう見えるか。

不思議なことですが、もう一人の自分が③の地球大だと想定したときに、アジナチャクラにスイッチが入ります。

弘法大師空海も洞窟で修行した。そして明けの明星が眉間に入ってきた。明けの明星は虚空蔵菩薩の化身と言われています。それが眉間に入ってきたということは、空海のもう一人の体が大きくなって、金星のあたりまで拡大したと解釈できます。

実際の金星が地球にぶつかったら人類は滅びます。太陽、水星、金星、地球と、空海の体は地球どころではなく、金星までエーテル体が拡大したのでしょう。私たちはそこまで広がらなくても、地球大だと想像するだけでスイッチが入ります。これは私自身の実際の体験を通してわかったことです。

次は、地球大から太陽系全体と想定して自分を見ると、今度は第三の眼であるアジナチャクラに天使の存在たちが入ってきます。天使の存在たちが入ってくると、驚くべき才能が開花し、運勢も大飛躍することになります。

非常に運の強い人は、眉間のアジナチャクラに天使が入っています。

人体に及ぼす反重力効果

瞑想の三段階

①もう一人の自分が地球大だと想定すると、身体能力と精神力が活性化する。
②もう一人の自分が太陽系全体だと想定すると、天使が入って超人的な能力を発揮する。
③もう一人の自分が宇宙大だと想定すると、他者を癒す能力（ヒーリング）と救う力（救済）が発揮される。

私たちは、人生の中で様々な知識や体験によって創造力を広げることで、もう一人の自分を拡大する能力を養うことが必要です。

ヨガの修行で太陽を見る行というのは、ただ太陽を見るのではなく、太陽まで意識を飛ばすという意味です。そして最終的には宇宙まで意識を飛ばすのです。

このように、三段階にわたってイメージの力と創造力を使いながら瞑想を深めていくと、アジナチャクラが活性化していきます。

瞑想の練習をする場合は、自分が大きくなったとイメージすることです。その大きさのレベルが、地球、太陽系、宇宙へと拡大していくと、間違いなく人類の宇宙時代がやってきます。

磁力が生まれると回転数が増していきます。それを人体で行うとチャクラを回転させることができます。

アジナチャクラは松果体から発生すると言われていますが、松果体は磁性を帯びています。松果体を中心としたアジナチャクラが、高速で回転していくことによって、反重力効果を人体に及ぼすのだろうということが、一つの仮説として見えてきます。

チャクラの回転振動数と人類の Super Evolution（超進化）

もう一人の自分を拡大することによって、チャクラの回転振動数をどんどん上げていくことができます。

皆さんがよく言うバイブレーションが上がるとか、振動数が上がるというのは、もう一人の自分が宇宙大になっていくという意味です。

チャクラの回転を意識しながら瞑想したら、気がついたことがあります。

①地球大を意識すると、アジナチャクラは1秒間に7回転（7hertz）～8回転

（8hertz）する。不思議なことに光も、地球の周りを1秒間に7～8回、回転（hertz）している。

②太陽系全体を意識すると、アジナチャクラの回転は、①の倍で回転する。

③宇宙大を意識すると、アジナチャクラの回転は、①の100万倍くらいに回転数が上がっていく。

お釈迦様の「宇宙即我」というのは、完全に、宇宙大に創造力の翼を拡げていったということです。

アジナチャクラは外から見ると右回りに回転しながら、もう一人の自分が拡大していくとそのスピードがグングン上がっていき、ある周波数を超えると、肉体は霊的なものになっていきます。

これが人類のSuper Evolution（超進化）です。超進化は近未来すべての人類に起きることでしょう。

アジナ（眉間）チャクラと対になるのは、スワディスターナ（丹田）チャクラです。スワディスターナも何回転しているのか計算しました。1秒間に32回転（hertz）～48回転（hertz）。つまりアジナよりスワディスターナ（丹田）の方が、はるかに回転数が多いと言えます。

このようにチャクラには回転のスピード（振動数）があります。

磁気を帯びた人体フィールド

近年、人体の周りにはある種のフィールドがあるということがわかってきました。

超伝導量子干渉計で測定したデータによると、人体を取り巻くフィールドは磁気を帯びていることがわかりました。

磁気を帯びたものはどのくらいの周波数で変動しているのか？　それは約0・3回転（hertz）～30回転（hertz）です。

私が実際に第三の眼で見て体感した7回転（hertz）～8回転（hertz）と、超伝導量子干渉計で測定したデータを比較すると、どうやら荒唐無稽な数字ではなさそうです。

別の観測例として、瞑想者の周りの生体磁場の磁気変動を測定すると、約2回転（hertz）～50回転（hertz）という説もあります。

エネルギーを奪い取る邪気の回転数

対人関係でストレスを感じたり自分に自信を失うと、チャクラの回転数が急速に落ちていきます。そうするとその人の持つ能力が低下していきます。そして不思議なことに体が若干重くなっていきます。

体が重たいと感じたときは、自然の中に身を置いて、地球をダイレクトに感じることが一番有効的です。

邪気がなぜ悪いのかと言うと、邪気は体中のいろいろなところに回転した渦が付着していて、厳密に言うとオーブが渦を巻いていて、それがペタペタ付着している状態です。

その付着している邪気は、7回転（hertz）～8回転（hertz）より低い回転数です。その回転数が低い邪気に、自分のエネルギーをあげる（奪われる）ことになります。そうすることで、なんとか邪気は8回転（hertz）ほどになります。

邪気は人間からエネルギーをもらわないと、たちまち回転数が落ちてしまいます。浮遊霊や憑依霊は周波数（回転数）が低いものです。邪気は私たち人間からエネルギーを奪い取ります。よく気を使う人も疲れて回転数が落ちてしまいます。

地の蔵から虚空の蔵へエネルギーを流す

眉間のアジナチャクラは**虚空の蔵**と言って虚空蔵菩薩を指します。丹田のスワディスターナチャクラは**地の蔵**と言って地蔵菩薩を指します。大地のエネルギーがふんだんにたまっていることを地の蔵と言います。

虚空蔵菩薩と地蔵菩薩は二つで一つです。

この二つで一つという意味は、天の蔵が虚空蔵、地の蔵が地蔵で、仏教では虚空蔵と地蔵は不離一体ととらえており、互いに活かし合う働きがあるので一緒に祀る寺院が多いのです。

私たちが対人関係のストレスで精神エネルギーを消耗すると、眉間のアジナチャクラの回転数が落ちていきます。落ちていったときに補うのが丹田です。要するに人間は、自分の中に発電所（丹田）を持っているということです。発電所から電気をもらって５回転（hertz）が７回転（hertz）～８回転（hertz）に上がるのです。

振動数が多い水は、明らかにミクロの世界で回転数が多いので、回転数が多いものを次元が高いと言います。

スワディスターナチャクラの地の蔵は32回転（hertz）～48回転（hertz）な

ので、アジナチャクラの虚空の蔵より4倍～5倍のエネルギーを持っています。
振動数が多いほどエネルギーが高いので、疲れたときは、丹田を意識すると
アジナチャクラにエネルギーが流れていきます。
また振動数が荒いと年を取り、精妙だと若返っていきます。

反重力を発生させるチャクラ開発法

顔の前で親指と中指を合わせて蓮の花の形にします（図17－1）。この輪っかになった大きさがそれぞれの丹田チャクラの大きさです。これを下に向けていって、親指がへその下のあたりにくるようにします（図17－2）。

そして3分～5分ほどすると丹田のチャクラの勢いが増して、丹田の動きを感じるようになります。丹田が元気になって、その余ったエネルギーが他の6

図17－1　顔の前で両手の親指と中指を合わせて蓮の花の形にする

図17－2　両手の親指をへその下の位置に合わせる

つのチャクラを活性化し、とりわけアジナチャクラを活性化することで健康運、仕事運、愛情運が高まっていきます。

久米仙人は、こんなことをやって空中を飛んでいたのかもしれません。丹田に大地や天空からのエネルギーをためて、それを眉間に送ってアジナチャクラを高速で回転させ、その回転力で反重力を発生させていた。これが崩れると地面に叩きつけられるのでしょう。

眉間のアジナチャクラを回転させるのは、丹田のスワディスターナチャクラを活性化するのが一番効率的な方法です。

アジナチャクラと地球のシューマン共振

雷などの電気的ショックが地面に蓄えられると、電波が電離層と大地の間を行ったり来たりします。これが約1秒間に7回転〜8回転振動しています。不思議なことにシューマン共振とアジナチャクラの回転数はほぼ同じです。1秒間に7回転（hertz）〜8回転（hertz）。

地球を意識することでアジナチャクラが正常回転に戻ることは、シューマン共振から考えてもうなずけることです。

宇宙の4つの力を人生に置き換える

重力＝同調圧力＝水の力
電磁力＝自己主張力＝火の力
強い力＝親密な結びつき＝地の力
弱い力＝偶然の出会い＝風の力

現代物理学では、この4大元素（地水火風）が実体化したものが宇宙の4つの力と言われています。4大元素は古来、インド哲学やヨガ哲学で知られています。

重力が強すぎると、身動きがとれなくなります。あたかもコップの中の水の分子のようなもので、水の中の中心に近いところにあるH_2Oは、周りからの同調圧力が強すぎて外に出ることができません。ヘリウムの中にある中性子同士と陽子同士はくっついています。

電磁力の自己主張力を分析すると、一つは感情の力です。それは電気の力であり、情熱の力ですから、理性よりも強い力です。これは相手と自分を同体化しようとする力のことで、密教の胎蔵界曼荼羅を表します。
もう一つは理性の力です。電子が高速で自転した自転軸が磁気の力であり、方向性を示す力であり、密教の金剛界曼荼羅を表します。

磁場の回転によって重力を動かす

磁場を回転させる重力が発生することは、何を意味するのでしょうか？

ある人物が集団の圧力によってがんじがらめになっているとします。特に日本は慣性の働きで同調圧力が強いので、いったん動くと止まりません。

明治維新の志士たちの参考になった幕末の頼山陽《らいさんよう》*の言葉は、日本人の慣性をよく表しています。いったん物事を起こしてそれがある方向に動くと、暴走する馬車のように止めることができない。嫌なら飛び降りるしかありません。

＊頼山陽は、江戸時代後期の歴史家、思想家、漢詩人、文人。

慣性とは過去を大事にするので、重力の働きが強く同調圧力も強い。集団で意思決定されたものに異を唱えることは非常に難しい。人体の働きも同じで、体調や体質を変えることはなかなか難しいのです。

ただし磁力、磁場の回転によることで同調圧力を跳ね除《の》けることができます。

磁場とは知性なので、理性でかき乱すと同調圧力に逆らって動き始めます。

ある物事に直接体当たりするのではなく、それに関連する周辺の物事を徹底的に調べて周りの人たちを動かすようにする。

たとえば病気になったら、東洋医学でも西洋医学でも考えつくすべてのことをやらないと、結果を出すことはできません。

それが、磁場の回転によって重力を動かすということです。

一見まったく関係のない周辺のことを徹底的にやることで、習性を変えることができます。

霊的な電子と物質的な陽子

電磁力とは電気と磁気のことです。多くの研究によって、200年前から電気と磁気を見るとオーラが見えるとされてきました。ハンス・ライヘンバッハ*が言ったことは、磁石のS極は赤っぽく見えて、N極は青っぽく見えるというものでした。

*ハンス・ライヘンバッハ（1891年〜1953年）は、科学哲学者であり、論理経験主義の代表的主唱者。

〈磁気〉がん細胞がどんどん増殖していくのはS極が強いということ。極端な話、N極をがん細胞に当てるとがん細胞の増殖にストップがかかる。磁気を用

いると治療ができるかもしれないという説です。

〈電気〉物体がプラスに帯電していると温かいが不愉快である。簡単にいうと陽子のことで、陽子は物質的です。生命力は霊界からやってくるので、陽子だけだとなんとなく生命力を奪われると感じるでしょう。

マイナス電気は涼しくて心地良い。これは明らかに電子のことです。陽子は物質的なもので、電子は霊的なものです。

電子を大量に含んだ水は体にいい。私が開発したアースパワーウォーターがそうです。通常は１ccの中にマイナスイオンが43個しかありませんが、アースパワーウォーターには５０００個含まれています。

地上最高の電子が入っている水がアースパワーウォーターです。しかも沸騰させても減るどころか増えていきます。敏感な人はアースパワーウォーターに

手を近づけるだけで涼しくて心地良いのがわかります。(巻末の広告参照)

量子力学の中にある「シュレディンガー波動方程式」を解釈していくと、奇妙なことに気がつきました。

たとえば今、手に持っているボールペンは、高速で振動を起こしていて、ある瞬間は霊体になって、ある瞬間は物体になっている。

霊~物質~霊~物質~霊~物質と、ものすごいスピードで往復していても、物質界にいる時間が長いからここに個体として存在している。これは波動方程式でわかることです。

私たちも大半はこの世の3次元にいますが、時々あの世の霊界に行っています。私もこの世に存在していますが、ある瞬間は消えています。消えてあの世に行っています。

写真などで体の一部が透明になったりするのは、霊界に行った瞬間だからです。肉体は大半がこの世にいるので、私たちは「この世の人」となります。

そうすると、陽子と電子の秘密が解けてきます。陽子と電子は同じ電気を持っているのに質量が１８４０倍違います。電子の方が軽いのです。

つまり電子はより多くあの世に行き、陽子はより多くこの世にあるということです。

現在の物理学ではまだその謎は解けていません。

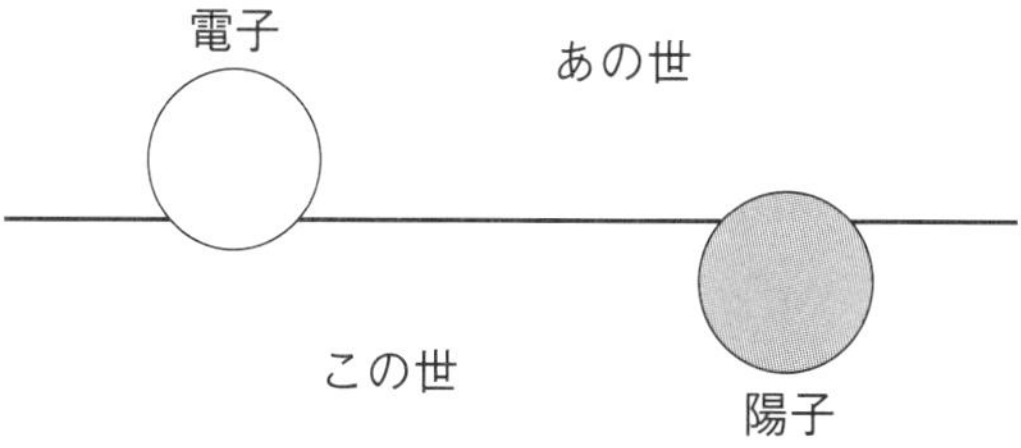

図18　あの世の電子とこの世の陽子

未来科学の基礎と磁気の力

電気とは何でしょうか？　プラス電気はこの世に近く、マイナス電気はあの世に近いと言えます。

スポーツで成績を出そうとする場合は、プラスの電気、酸性のものを摂取することでエネルギーを発揮できます。疲労回復のためには、マイナスの電気、アルカリ性のものを摂取することで寿命を延ばせます。

電気のプラスマイナスはあの世とこの世の姿であります。

私たちの体に弱アルカリが良いというのは、少しだけ霊的な部分があると健康に良いということを示唆します。

磁気とは何でしょうか？　人体の右側は正のエネルギーで、磁気のS極となり、男性的で活性化を表します。
人体の左側は負のエネルギーで、磁気のN極となり、女性的で沈静化を表します。

生体ホルモンも、磁気を使ってバランスを取る方法が考えられます。
これが未来科学の基礎となります。

巨大化するほどあの世に近づく

チャクラは概ね外から見ると右回りに高速回転しているので、つまりN極とS極が激しく入れ替わり、磁場が上を向いたり下を向いたりしてグルグル回転します。

そして、自分とは何かと考えて自分に集中すると、N極とS極の振動数が上がっていきます。

鳴門の渦潮で例えると、渦の外はゆっくり回っていて中心に向かうほどスピードが速くなるのと同じです。

「角運動量保存の法則」*で計算すると、外側はゆっくり回転し、内側は速く回転する。つまり成瀬雅春氏が仰ったように、自分の内側に深く入っていくということは振動数を上げることになります。

***角運動量保存の法則**　回転運動をしている物体は、回転の中心からその物体までの距離と、物体のもつ運動量（質量と速度をかけた量）をかけた、「角運動量」という量をもっています。外部から力を受けない限り角運動量は保存されます。

どんどん自分に集中し、深く入る方法は、もう一人の自分を巨大化していくことになります。どんどん巨大化していくほど、振動はあの世に近づいていきます。

あの世に近づくと物体の質量は虚になります。虚になるということは、重くもなく軽くもない、つまり地球の重力に弾かれるというよりは、フワフワ浮いた状態です。

空中浮揚というのは、フワフワ浮いた状態、つまり虚質量です。

「$E = mc^2$」変わるな！　止まっていろ！

宇宙の真理は、この世である3次元世界と、あの世である高次元世界を包括的にとらえないと見えてきません。進化した星の知的生命体に聞いたら、高次元世界があるのは当たり前だと言うでしょう。

この世にはルールがあって、光速を超えることができません。宇宙空間をつくられた創造神は、光と闇をつくられました。この闇とは「慣性の法則」のことで、変化しないという意味です。

努力して進化向上しようとするときに、足を引っ張る力のことです。しかし足を引っ張られることによって、それに反発するエネルギーで進化しようとします。ですから神様は、光と闇の2つをつくりました。

物体は走れば走るほど、質量が増えて重くなっていくので、光のスピードを超えることができません。この象徴が、「$E = mc^2$」です。

「$E = mc^2$」は、ブラフマンの闇の部分。そのまま変わるな！　そこに止まっていろ！　という慣性の法則が働いているので「$E = mc^2$」の公式が成り立ちます。

瞬間移動とエネルギーゼロの法則

あの世で速度が光速になると、何が起きるでしょうか？

計算すると**エネルギー無限大**となります。

菩薩より上の存在が天使ですが、もし天使に写真に写ってもらおうとしたら、写るのはせいぜい光だけです。本来天使は光より速く動くので、動きを少し遅くして光の速さになったら写るでしょう。そのためにはエネルギーが無限に必要です。

ここから先は、あの世が超高速と仮定したらどうなるのか？　という話をしましょう。

天使はこの世に姿を現すと疲れるので出現したくない。宇宙人も同様で、この世にくっきりと姿を現したら非常に疲れます。だから天使や宇宙人はそんな簡単にこの世とは交信してきません。この世と交信するには途方もないエネルギーが必要です。

しかし速度が無限大のとき、エネルギーはゼロになります。瞬間移動するときはエネルギーがまったく必要ありません。だからあの世の天使は、瞬間移動

するのが当たり前です。全然エネルギーが要らない、疲れることがありません。

常に忙しく働いている人は、ゆっくりすると逆に疲れる、天使も同じです。速度が上がるとエネルギーが落ちます。脳の中のエネルギーが一番落ちた状態が、δデルタ波とθシータ波です。だからδデルタ波とθシータ波になると速度が上がる、つまり願望実現速度が上がります。

したがって何事にも執着をせずにエネルギーを増やさない方が、速やかに願いが叶うことになります。

３つのタイプの光速宇宙と７つの異次元世界

実は宇宙には、３つのタイプがあることがわかってきました。それは、光のスピード以下の世界と、光のスピードで動いている世界と、光より速い世界、この3種類の世界があります。これが宇宙の全体像です。

7つの異次元世界

①人体の周りに幽界があります（この世と不離一体）
②幽体の周りに霊界があります
③霊体の周りに光でできた神界があります
④さらにその外側に菩薩界があります
⑤さらにその外側に如来界があります
⑥さらにその外側に太陽界があります
⑦さらにその外側に宇宙界があります

この7つの異次元世界を表したのが、私が描いたカイヴァアリヤの図です（191P図20）。

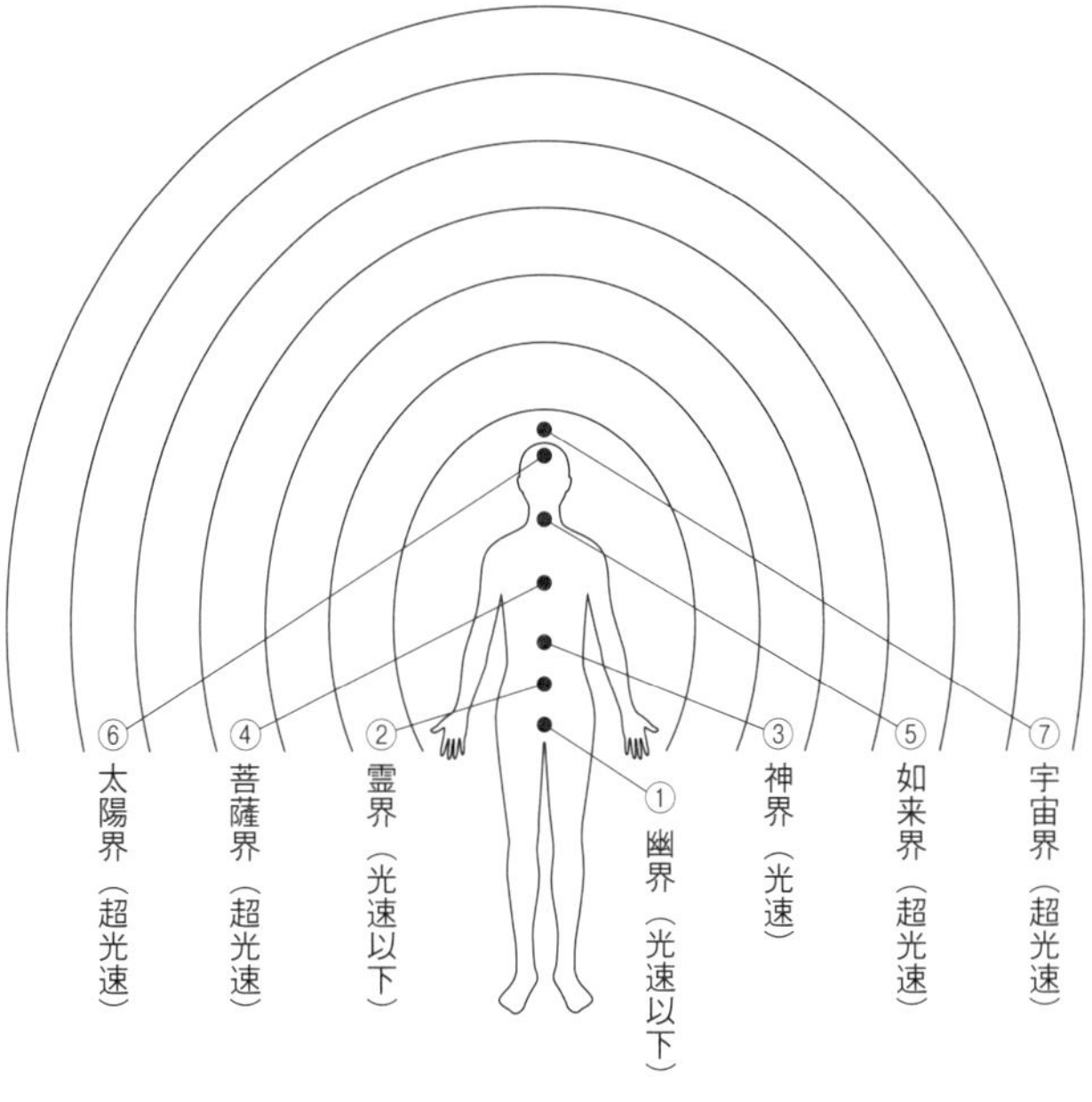

図19　７つの異次元世界

霊界以下の世界（幽界と霊界）は、光のスピード以下（光速以下）の世界です。だから霊界以下の世界は、この世の3次元世界と非常によく似ています。

神界はすべてのものが光のスピードで動いています。

菩薩界以上の世界（菩薩界、如来界、太陽界、宇宙界）は超光速で動いています。

カイヴァリヤの使い方

最初は中心の7つの小さな円を見る。

そのあといきなり一番外側を見る。

すると中心に対する執着が離れて意識が拡散します。

そこでまた外側への執着が生まれるので今度は中心を見る。

それを7回繰り返すことで、その他の色の次元（層）を見てみようと、自在に焦点を合わせてコントロールすることができるようになります。

図20　カイヴァリヤ（３次元～９次元を描いた図）

予祝が成り立つ因果の逆転

超光速の世界を表す数式は図21です。

そして、超光速の世界は、因果の法則が成り立ちません。

たとえばこの世で感情が悪くなり性格が短気になった。

でもあの世は逆で、性格が短気になったから感情が悪くなった。このように因果が逆転します。あるいは未来と過去も逆転します。

この世では今から勉強していい学校に入る。あの世から見たらとっくの昔にいい学校に入っている。

$$E=\frac{i m_0 C^2}{i\sqrt{\left(\frac{v}{c}\right)^2-1}}$$

図21　超光速の世界を表す数式

時間の順序、原因と結果が逆になるので「予祝《よしゅく》」が成り立ちます。予祝とは、この世で結果が出る前に先に祝うことです。これは古神道で使われる言葉です。

神功皇后が三韓征伐に行ったときに、「この戦は勝ちました」と先に宣言した。そうすると、その通りになることを予祝と言って、この世から見たらあり得ないことでも、あの世から見たらあり得ることです。

まだ起きていないけれど、もう起きたと宣言すると、あの世の現象がこの3次元世界に更新されて実現します。

未来と過去、原因と結果、時間が逆になります。

これは、図21の数式で説明がつきます。

質量と光速、植物 鉱物 動物の関係

植物とつながるのは、サハスラーラチャクラの宇宙界、アジナチャクラの太陽界、ヴィシュダチャクラの如来界です。ここは電子が働く超光速となり、質量が虚の世界です。

鉱物とつながるのは、アナハタチャクラの菩薩界です。ここも電子が働く超光速となり、質量が虚の世界です。

動物とつながるのは、マニプラチャクラの神界です。これは光子が働く光速となり、質量がゼロで実でも虚でもない世界です。

同じく動物とつながる、スワディスターナチャクラの霊界、ムーラダーラチャクラの幽界は、陽子が働く光速以下となり、質量が実の世界です。

虚のエネルギーが強い電子は超光速の世界に働き、質量がゼロの光子は光速の世界に働き、実のエネルギーが強い陽子は光速以下の世界に働きます（１８９Ｐ図19）。

光線を当てるとアナハタチャクラの開発につながります。マニプラチャクラ、スワディスターナチャクラ、ムーラダーラチャクラの開発は、陽子をたっぷり含んだ環境の生活（若干酸性）をすることで肉体を養います。食事だと動物系です。

サハスララチャクラ、アジナチャクラ、ヴィシュダチャクラは三位一体のチャクラです。この三位一体のチャクラの開発は、電子をたっぷり含んだ環境の生活（若干アルカリ）をすることで精神と霊を養い、若返りの秘訣にもなります。食事だと植物系です。

菩薩界以上のインスピレーションを受けるときは、周りに木や花など植物を

たくさん置いて、植物系の食物をたくさん摂取するといいでしょう。

電子は尖った形状のものに集まります。たとえばアルカリ度の高い松葉が不老長寿の役に立つと言われるのは、形状が尖っているからです。

宇宙の根源は渦、回転する力

すべての力は一つです。
たった一つしかない。
たった一つの力が電気になったり磁気になったりします。

私は生まれてからこれまで、常に「宇宙の神」を想像したときに降りてくる言葉があります。

すべての力を一つにせよ。

すべての力を一つにせよとはいったいどういう意味なのか？　それは膨大な数式で組み立てた私の論理を、数式を使わずに表現したのが冒頭の３行です。

４次元ではすべてが分裂しているように見えますが、５次元に立ったときに、すべての力の根源は一つだということがわかります。そこには人間の思念力も加わります。

縦、横、高さが目に見えるのが３次元です。３次元に時間が加わったものを４次元と名付け、アルベルト・アインシュタインは４次元を研究して相対性理論を発表しました。しかしアインシュタインは電気を説明することはできませんでした。それにはもう１本の軸が必要でした、それが５次元です。

この5次元空間を想定すると、そこではたった一つの素粒子が、クルクルクルクルクル回転しています。この回転の速度によって、いろいろな素粒子が生まれます。

まさに日本の古事記で言うところの、たった一つの粒子からすべての種類の素粒子が生まれ、八百万の神も生まれるというところです。

回転のスピードによって、いろいろなものが生まれてきます。それを決めるのは、丹田のスワディスターナチャクラと眉間のアジナチャクラの組み合わせです。この組み合わせによって多種多様な回転数が生まれます。

宇宙が創られた原理は、たった一つの素粒子が、クルクルクルクルクル回転して、その回転の速度の違いによっていろいろな素粒子が生まれたということです。

宇宙の根源は、渦、回転する力です。

血管の中に流れる血液は、明らかに渦を巻いています。

その渦の力で生命という現象が生まれます。
遺伝子も渦を巻いています。
銀河系も渦を巻いています。
太陽系も回転運動をしています。
すべてが回転しています。
そしてその回る力というのは、己れの中に集中していく力です。

できるだけ大きなものを想像しなさい。
できるだけなれそうもない人物を目指しなさい。
そうすると大きな力が入ってくる。
その大きな力が凄まじい回転力を生み出します。
回転のスピードを上げて渦をつくります。

高次元の力を味方にする生き方の秘訣は、クヨクヨしないことです。

済んだことはサッサ（風のリズム）と忘れ、先に進むことです。
今に向かって集中することです。

第5章

神を観る未来哲学

神は「果てしない未来の中」に存在する

宇宙空間というのは、「縦、横、高さ」という空間、そして「時の経過」で創られているというのが、アインシュタインの理論です。

この空間あるいは時間の、一体どこに神は宇宙創造の姿を隠したのでしょうか？　空間の中には神様はいないし、宇宙創造の姿はありません。

そう、神は「果てしない未来の中」に、その姿があります。

そして今こそ、私たちは明るい未来を語らなければいけません。それが瞑想の基本でなければいけません。

人間は何のために瞑想をするのでしょうか？
それは神を観るためです。
神が存在するのは時間の中だけです。
神を観るということは、未来に出会うということです。

明るい未来を創造せよ

人類は今、暗い洞窟を手探りで歩いています。その手探りとは、生活の物質的条件を満たすことです。
人間は未来をどうとらえるかで人生が決まります。私たちは光に向かって歩いていかなくてはいけません。

今の若者は、未来に対して暗澹《あんたん》たる気持ちで希望が持てない状況です。私たち年配者は若者に何ができるしょうか？　それは心に希望を植え付けてあげることです。

旧約聖書の中で、若者を教育して希望を持たせたのは「ラビ」*という存在です。これに感銘を受けたのが、ウィリアム・スミス・クラーク博士**の「ボーイズ・ビー・アンビシャス」、そしてその教え子が石橋湛山《たんざん》***です。

* **ラビ**（ヘブライ語 rabbi）とは我が師の意。ユダヤ人が宗教的指導者に対して用いる敬称。ユダヤ教の聖職者。

** **ウィリアム・スミス・クラーク**（William Smith Clark　1826年～1886年）は、アメリカ人の教育者。化学、植物学、動物学の教師。農学教育のリーダー。

*** 石橋湛山（いしばしたんざん　1884年～1973年）はジャーナリスト、政治家、教育者（立正大学学長）。陸軍少尉（陸軍在籍時）。第50代大蔵大臣、第12・13・14代通商産業大臣、第55代内閣総理大臣（在任期間65日）、第9代郵政大臣などを歴任。

すべて、旧約聖書からつながっています。つまりエホバというのは常に未来から説いている存在です。神も光の天使も、はるかなる未来次元から降りて来て人々に希望を伝えます。

しかし夢と希望はすぐには実現しません。実現させるためには、一心不乱に美しい未来だけを見つめなければいけない。そして心は「公明正大」であることが大切です。それを説いたのが「ラビ」なのです。

受信思想から発信思想へ転換する

美しい未来を見つめるためには、無念無想になる瞑想ではいけません。瞑想しながら心の物差しを未来に向けなければいけません。最初は漠然としていてもいい。繰り返し行ううちにコツがつかめてくるでしょう。

日本人には使命があります。それは日常に溢れるＡＩに対して、「善意の言葉」を使うことです。あらゆるもの、人から善意を引き出す、良いところを見つける、長所を洞察し育成することです。

それにより、軍事用に作られた監視カメラを、逆に地上天国を作る道具へ変えることができます。電磁波の波というのは双方向性を持っていますから、受信があれば必ず発信ができる、これが「電磁気学」の基本です。

受信思想は常に不安だらけです。
私たちは受信思想から発信思想へ転換する必要があります。

水の分子構造を変化させるカタカムナ

カタカムナの言葉を使うと、「水の分子構造」がそっくり変換されるのをご存知でしょうか。カタカムナを唱えることで、物事を逆転することができるのです。

カタカムナの意味を知って唱えると、水の分子構造が変化したことを発見した日本人がいました。それは日本人というよりは、日本の土地に秘密があります。

日本列島はH_2Oと同じ、104・5度の角度で弓なりの形をしています（図22−1、22−2）。つまり日本列島には隠された磁場の秘密があるのです。

日本に住んでいるうちに、人体を構成する水の分子の形が変わっていきます。

肉体の70%は水でできています。日本人の特性は体内の水の分子構造に秘密があります。日本人のヤップ遺伝子にはアンテナが立っていたことがわかります。生存競争に適しているのはユダヤですが、調和に適しているのは日本です。

次ページの丸で囲んだ(図23-1・2)出っ張っているオーハー基(ヒドロキシ基)が、隣の水分子をたくさん集めてネットワークを作ります(図23-2)。

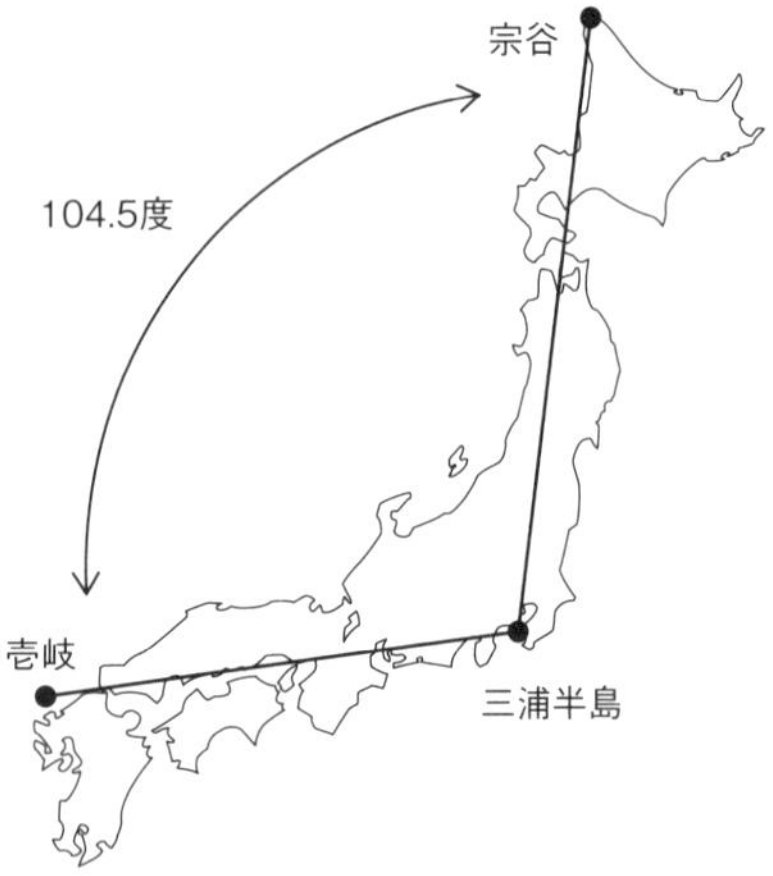

図22-1　日本列島の弓なりの角度(104.5度)

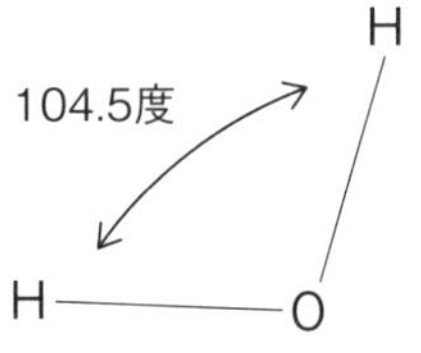

図22-2　H_2O の角度(104.5度)

たとえば一本の木に「世界平和」を願うと、その木の中の「H_3O_2」が、隣の木に伝え、その隣の木が土壌菌に伝え、それが昆虫たちに伝わり、遠く離れた外国人の脳にまで達します。

これが世界の研究者が追いかけたカタカムナの秘密です。

アンテナとなる出っ張っているオーハー基の影響を受けると遺伝子が変化します。このアンテナがヤップ遺伝子（ユダヤ、日本）ですが、これはDNAだけ調べてもわかりません。

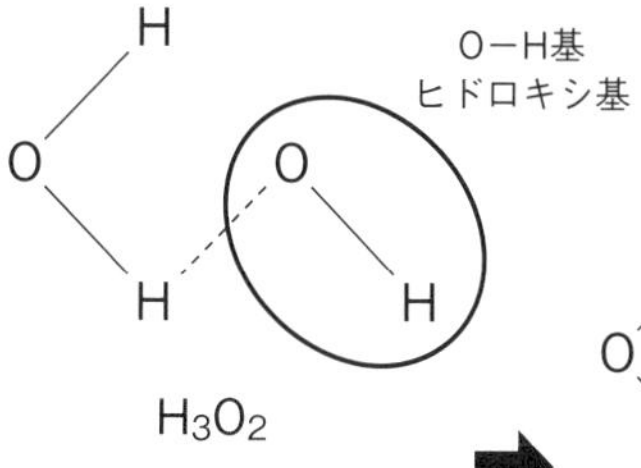

図23−1　O-H 基（H_3O_2）

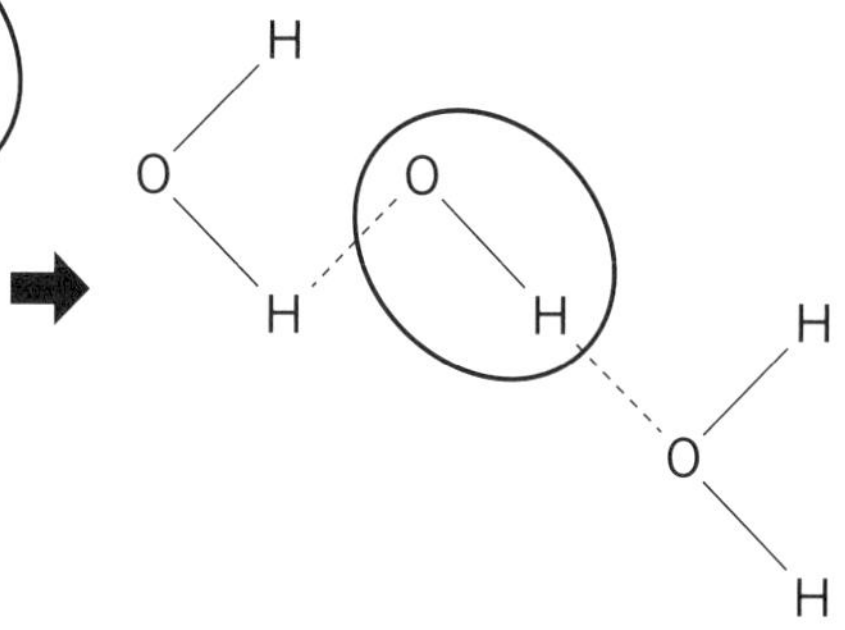

図23−2　ネットワークを作る O-H 基

超科学のオーハー基と楽観思考

西洋人の脳は、「時間はいたずらに命を削る砂時計」のようなものとして理解します。つまり西洋人にとっては、「消費される時間」ですが、日本人にとっては、「実り多き時間」となります。

日本にとって時間は無駄に過ごすものではなく、「霊的な智恵が備わるもの」です。智恵が備わっているから年配者を尊敬します。それは時間に智恵があると思っているからです。歳を経るだけで智恵が備わります。

人は学校に行かなくても、難しい本を読まなくても、智恵を身につけることができます。その智恵は時間から来て、その時間は未来から流れてきます。

ネットワークを作るオーハー基は、化学の分野では連帯する元素です。なおかつ未来にアンテナが向いて未来情報をキャッチします。そして自然に楽観思考になります。これが超科学です。

水を安定させるだけなら、Ｈが二つ、Ｏが一つだけで十分です。しかしH_3O_2は、Ｈが一つ、Ｏが一つ余分にあります。

人類は未だオーハー基の本質を解明していないので、プラスチックを分解することができません。しかし私が発明したものは、プラスチックも石油製品も分解することができます。時間が経つとボロボロになります。それはオーハー基が活躍しているからです。これは現代科学では説明がつきません。

表の科学（表象世界）と裏の科学（潜象世界）

カタカムナには、表象世界と潜象世界がありますが、それは、表象世界の表の科学と潜象世界の裏の科学のことです。この裏の科学がオーハー基です。

このオーハー基を具体的に解明したのが、私の「超科学」です。

たとえば天才的な芸術家や天才的なアーティストのような存在は、ダーウィンの進化論からは説明がつきません。なぜならそれは余分な才能だから。ではなぜそんな才能が生まれ出てくるのでしょうか？

人間の生命医学を研究すればするほど、「生存競争上は不要なものがかなりある」ことに気が付きます。骨も余分にあります。盲腸なども大した働きをしていないと言われています。

そして一番生存に関係がないと言われているのが「大脳と前頭葉」です。何かが特別にできるからと言って人生が成功するものではありません。私たちがこの世で生きるために、必要でないようなものが備わっています。

この使い道がわからないと、うつになったり、発達障害と言われることがあります。それは、余分に備わっている能力の使い道がわからないからです。

特に、宇宙や霊界、神界などの高次元と交信ができる人は、その関連性で言うと必要な能力です。瞑想も人間にとって必要なスキルです。

情報欲を浄化し未来から白い光線が注ぐ瞑想法

アジナチャクラの少し斜め上を見ると、そこから未来が降ってきます。そして明るい未来を取捨選択します。

今日から私たちの実生活にマイナスの影響を与える情報は、入れないように決意しましょう。

今の文明は情報化社会、次の文明は霊的社会です。ところがなかなか私たちは霊的社会へ移行することができません。それは余計な情報をキャッチしてしまうからです。これを「**情報欲**」と言います。余分な情報を断たないと、霊的なインスピレーションは入ってきません。

今日から私は情報を選択するようにいたします。自分の生命を害する恐れのあるもの、または自分の幸福と平和、繁栄に役立たないものと思われる情報は拒絶いたします。

いま地球は、情報化社会の終焉を迎えようとしています。この時代において、私たちは情報を選択するという訓練ができていません。よって私は心に誓います。

今後我が生命にとって有害な情報を、参考とはいたしますが、深く知ろう、調べようといたしません。

そして情報選択能力を身につけ、次の霊的な社会が来ることに備えて自分の心身を調えます。


２０２５年になると完全に霊的な世界が訪れます。この霊的世界からやってくる明るい未来に関する情報をキャッチするためには、余計で雑多な情報を頭に入れてはいけません。したがって心に固く決意します。

私は、情報を取捨選択する人生を歩みます。

そして斜め45度上から明るい未来がやってきます。アジナチャクラにたまった余計な情報が、斜め45度上から来る白い光線によって浄化され、自分の生命の本質とはまったく関係のない情報はどんどん浄化されていきます。

いま明るい未来から、新しいエネルギーが我が心身にふつふつと入りつつあります。

そして私の生命体が明るく透明に輝くことにより、私の周囲の方々の運命も自ずと浄化されてまいります。

第6章

ポールシフト後の世界観

新たな局面を迎えている地球と人類

２０２３年の台風６号は、太平洋高気圧を追いかけるように東に進路を向け、今度はそのわずか１日後に太平洋高気圧が日本列島をすっぽり包みながら西に進み、それに押されて台風も西に進路を変えました。

たった１日の間に台風の進路が蛇行した。これは気象上、珍しいことです。一部の気象予報士は偏西風の蛇行と解説しています。しかし偏西風の蛇行というのは大体５日〜10日かかるものなので、たった１日の間に影響を与えるとは考えられません。

もう一つは、時折北極から冷たい風が流れてくる北極振動によって、台風の進路が変わったのではないかという説もありますが、北極振動は数週間のサイクルです。

なぜ1日で台風の進路が変わるのでしょうか？

これはあくまでも私の仮説ですが、それが確かなら、その仮説から見えてくる、これから起きる「人類そして地球の異変」は、明らかに新たな局面を迎えようとしています。

氷河期が近づいているのではないか？　とも言われていますが、今は考古学的に言うと「間氷期」です。氷河期と氷河期の中間の時です。たとえ氷河期が本当に始まるとしても、約1万年先ではないかというのが通説ですから、氷河期がすぐくるとは考えられません。

氷河期へ向かうのなら、地球の気温はどんどん低下していくはずです。しかし高度経済成長期から地球の気温は明らかに上昇しています。本来なら冷えていくはずの地球で、人為的に温暖化が加速しています。

そもそも台風というのは赤道海域で発生します。陸地と海を比較すると陸地は熱しやすく冷めやすい。海は熱しにくく冷めにくい、元々海は地球で発生する熱の約90％をためこんでいるので、赤道海域というのは温度が上りやすい場所です。

そこに地球温暖化が加速して、太平洋、特に赤道海域の海水温が異常に上昇しています。２０２３年は観測史上最高と言っていいほど、暑く煮えたぎっている状況です。

煮えたぎった海水は上空の大気に向かって風が流れ蒸発します。この空気が温められて上昇し、上空に達すると四方に押し出されます。上空の大気が薄くなることで発生するのが低気圧です。すると北半球では左巻き状に台風がたくさん発生します。

一方上空で押し出された空気は、冷やされて地面に向かって降りてきます。地面に向かって空気を圧縮するので高気圧となります。

地磁気の移動と太平洋高気圧の関係

いったい何が、日本列島近くの高気圧の動きを、１日で変えてしまうのでしょうか？　考えられることは、地球の地磁気が非常に弱くなっていることです。大西洋の南側（南大西洋異常帯ＳＡＡ）の範囲が北西に移動して広がっていて、地球の地磁気が弱くなっています。

産業革命以降、地磁気の強さは毎年10％ずつ減少しています。では、地磁気の強さの低下と太平洋高気圧はどのように関連づけられるのでしょうか。

地磁気は、太陽や宇宙空間から飛んでくる有害な宇宙線を弾いて地球を守ってくれています。その地磁気が弱くなるということは、強烈に吹きつけてくる太陽風が、地磁気に弾かれないまま大気の一部に当たって、その電子を弾き飛ばしてイオン化させます。大気がイオン化するということは電気を帯びるということです。

水（H_2O）は電気を帯びています。水素原子は若干プラスに帯電し、酸素原子は若干マイナスに帯電しています。そして大気が電気を帯びると、その周りに水蒸気が集まってきます。これが「雲粒」です。

つまり大気の一部がイオン化すると雲が作られます。今年の夏は見たこともないような巨大な雲がしばしば見られるでしょう。

昔から日本列島の雲というのは、握り拳1個分、水蒸気の重さに換算すると1トンくらいが普通でした。ところが、今は握り拳10個分くらいです。それほど雲ができやすい状況です。

この雲がカーテンのように太陽光を遮ります。そのためその下の温度は下がります。空気は暖かいところで上昇し、寒いところに吹き下ろすので、風の流れが地面に向かって吹き下ろし高気圧になります。そして巨大な雲は、その風によってしばらくすると跡形もなく消えて青空となります。

異常気象と太陽フレアの関係

地磁気が弱くなると同時に太陽フレアが巨大になります。２０２３年６月、太陽黒点が過去20年で最多となり、１６３個観測されました。つまり太陽からくる有害な宇宙線が極度に増えています。さらに地磁気の強さも下がりました。

この２つの要因が重なったために、雲ができやすい状況となっています。

現在の異常気象によって、太陽フレアが降り注ぐ場所が変化しています。そうすると高気圧の位置も台風の位置も、日ごとに変化していると考えられます。

したがって偏西風や北極振動ではなく、太陽フレアの異常に目を向けた方が気象の説明がつくと思われます。

2023年8月6日、7日は、実際に最高級クラスの太陽フレアが吹いています。ただどこに吹くのかというのは読めません。過去の気象学の常識では台風の進路すら読むことができないので、宇宙物理学と合わせて考えないといけません。

南アフリカの巨大な岩石と海面の温度上昇

ではどうして、地球温暖化が異常に加速したのでしょうか？

もちろん人間が出す二酸化炭素濃度が高まったこともありますが、物理的にはそれだけでは説明がつきません。人間が出す二酸化炭素濃度が高まっただけで、ここまで太平洋の海面温度が上昇するものでしょうか？

一番の根本原因として考えられるのは、「ポールシフトが近づいている」ことです。ポールシフトというのは地磁気の逆転現象のことです。

北極と南極の地磁気が交互に入れ替わる（逆転）というのは、360万年に11回起きています。これはおよそ30万年に1回起きている計算になります。直近でポールシフトが起きたのは今から80万年前のことです。非常に長い空白が続いています。通常ならこの間に2回～3回起きていても不思議ではありません。それがこの80万年間、一時期を除いては1度も起きていません。

地磁気が逆転すると、通常なら1万年～2万年はほとんど磁気のない無磁気状態が続いて、地上の生命は生存を脅かされます。この80万年というのは、もしかしたら現代の文明を育てるのに必要な期間だったのかもしれません。

地磁気の逆転「ポールシフト」の原因は、はっきりと解明されていません。

最近の研究では、南アフリカの地下にある巨大な岩石が、外核とマントル層の中間に存在して、上下に変動していることがわかっています。

この巨大な岩石が地球の外核に沈み込むと、外核が反転してポールシフトが起きると言われています。

内核は金属の鉄、外核は液体の鉄です。このドロドロと溶けた液体の鉄がグルグル回転する中に、巨大な岩石が沈み込むと、流れが堰き止められます。それが引き金となって逆回転して北と南がひっくり返る現象が起きます。

現在は巨大な岩石は沈みつつあるので、そこに巨大な摩擦熱が発生します。この摩擦熱が海面の温度を上昇させている熱源であると考えられます。

海水温の上昇は、人類が発生させた二酸化炭素だけではなく、摩擦熱が地球内部で起きていることでも、太平洋の海面温度の急激な上昇の説明がつきます。そうすると海の中に溶け込んでいた二酸化炭素も蒸発します。

人類が人為的に出している二酸化炭素と、地磁気が逆転する時の摩擦熱によって起きる海中の二酸化炭素の蒸発という地球周期的なものが重なって、二酸化炭素濃度が高まって、海の温度が上がり地磁気が弱まっています。

南アフリカの地下に存在する巨大な岩石が、今まさに外核に向かって沈みつつあり、巨大な熱が発生していると考えると、海の温度が上昇し、海面から二酸化炭素が蒸発し、台風が異常発生する、地磁気が弱まる、これらの点が線になってつながります。

地球は「ポールシフト」の準備期に入っている

地磁気の強度が異常に減少した時には、何が起きるのでしょうか。巨大な黒雲が世界中の上空に現れて、日も月も見えなくなるほど、雲ですっぽり覆われてしまうということが考えられます。日と月が翳《かげ》る現象が起きる可能性があります。

まだ先のことですが、実際にポールシフトが起きて地磁気が無くなると、宇宙線が地上に降り注いでくるので、人間は地上で生きることが難しくなります。

古代人が洞窟で生活していた壁画が残っています。それは洞窟にこもらざるをえない状況が発生していたからだと考えられます。

実際に今から4万1000年～4万2000年前の間に、地磁気が逆転したという考古学上の報告があります。これは古代アトランティス大陸の時期とほぼ重なります。あるいは、カタカムナの文明が４万年前のものであるなら、カタカムナの時代も異常気象を免れるための方法論、科学知識が書かれていたはずです。

それに合わせて人間の体も変化するしかありません。人間の体には電気で動く仕組みが備わっていますが、ＤＮＡや松果体は磁気で動きます。ホルモンにも影響を与えています。ビタミンＢ１は磁気を帯びています。おそらく磁気が弱まると自律神経が上手く機能しなくなるはずです。

ですから地磁気の強度の低下に向かって、新しい免疫系が必要となり、人間の体は進化の方向に進むしかありません。

酸素は磁気を持っていて二酸化炭素は磁気を持っていないので、人間は酸素を吸って二酸化炭素を吐き出しています。電磁気学的に言うと、磁気を吸って磁気でないものを出している。すなわち磁気を呼吸していることになります。

未来には自分の体に磁気バリアを張る、呼吸法などを重視するなど、磁気の研究がなされることでしょう。

精神文明に移行する宇宙力の現れ

私は地球を一つの生命体ととらえています。地球を人体にたとえると、南極はムーラダーラチャクラで、北極はサハスラーラチャクラです。

現在は南極のムーラダーラチャクラにN極があり、北極のサハスラーラチャクラにS極があって、南極から北極に向かって磁力線が流れています（図24－1）。

地球はN極のあるところが優勢なので、ムーラダーラチャクラが活性化します。すなわち物質文明が盛んでした。しかしポールシフトで逆転すると、サハスラーラチャクラの精神文明に移行します（図24－２）。

これが「大きな宇宙の流れ」です。

宇宙力というのは一種の周期性を帯びています。強くなったり弱くなったり、上と下が逆転しています。その学びを私たち地球人は与えられ、不動心を培います。

「宇宙力の現れ」というのは循環のシステムであって、交互に繰り返しやってきます。

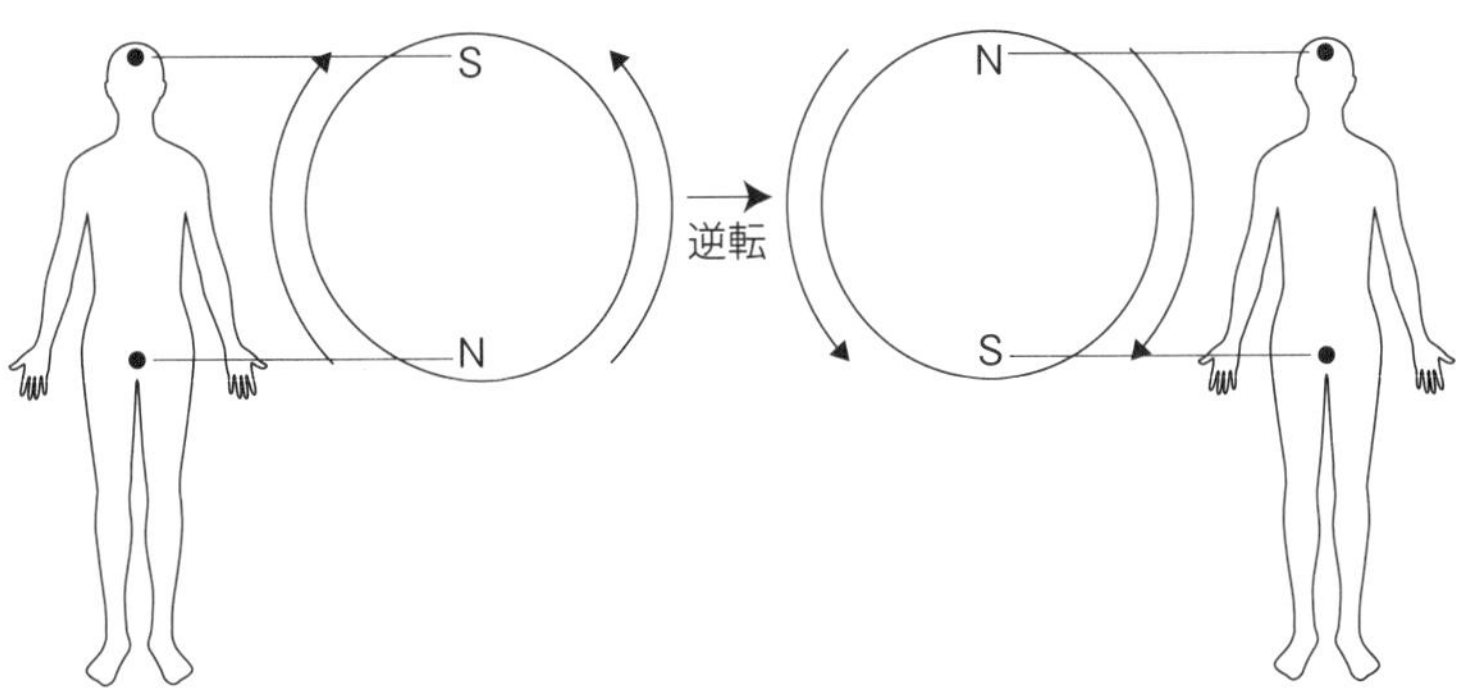

図24－1　　図24－2

地球の磁力線の流れと人体のチャクラ

私たちは徐々に、これから起きるポールシフトのリズムに合わせていかなくてはいけません。

日本人の精神性、礼儀正しさ、心の美しさは、非常に次元が高いものを持っていますので、日本はいち早く霊的、精神文明に移行し、世界でリーダーシップを取る国だと思っています。

その時に「神道」が重要になってきます。「神道」というのは地球と共鳴できる、地球にとって好ましい生き方を選択するために祈りを捧げる、これは日本人の役目です。

いま地球を覆う史上最高の気温というのは、地球が明らかにポールシフトに向かって決意表明をしたことを示しています。決意を表明して赤々と燃えています。

私たちはこの大きな宇宙の流れを意識し同時に流れの中に法則があることを認識することです。

人間の本質に迫る一霊四魂

一霊四魂を人間の肉体に置き換えてみると、

胸腺－霊
心臓－和魂
右肺－幸魂
喉　－奇魂
鳩尾－荒魂

霊とは想いが生まれてくるところです。自分でつくっているようですが、実は大半は浮かんできているだけです。想いには良い想念もあれば悪い想念もあ

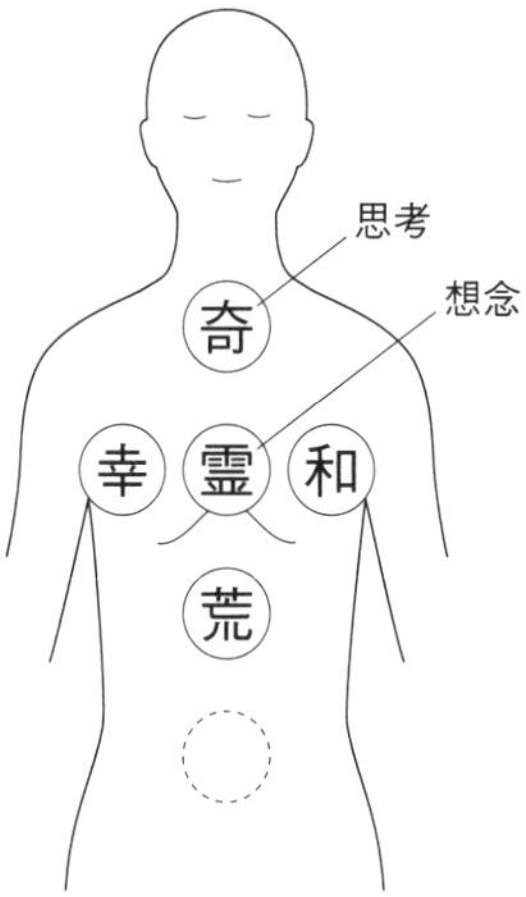

図25－1
人間の肉体と一霊四魂

ります。この想いの流れの波動がその人の一生を決めます。

２０２３年は、「霊」から出てくる想いの流れのスピードが速くなります。ただし「霊」から湧いてくるものがすべて正しいとは限りません。悪い想いが出てきたら、それをつかまえてはいけません。

今私たちは、選択の時に来ています。良い想念も悪い想念も川の上流からの流れのようなものですが、悪い想いは素通りさせなくてはいけません。悪い想いというのは、「自己否定、他者否定の想念」のことです。それは川岸に立って眺めるだけにします。つかまえてはいけません。

想念はつかまえると「思考」になります。奇魂が思考を司っているので、奇魂が悪い想念をキャッチすると、いつまでもその想念がグルグル回ることになります。

必要のないものはつかまえないことです。

思考＝止考（輪廻する）

一霊四魂の発想の背後にあるのは、宇宙には流れがある、人間にも流れがあるという把握の仕方です。流れを意識して生きることです。

地球規模でとらえると、日本列島の南側が「霊」にあたります。ここで台風がたくさん発生しているということは、今、地球規模で想念からの流れがスピードアップしているということです。

「利他の心、自他実現、共存共栄」これが、ポールシフト後の世界観です。

神道、仏教、儒教、キリスト教と様々な宗教を取り入れてきた日本では、これから精神性の文化が花開いていくことでしょう。

宇宙力というのは、何千年という歴史をかけて開花結実する、和合するものです。歴史を振り返ると、そこに宇宙力の痕跡・作用を見つけることができます。
歴史の中の宇宙力の痕跡・作用については、私の開発した「歴史波動」で、いずれまた詳しく解説いたしましょう。

ポールシフトを起こす自然環境の「宇宙力」
一霊四魂の人間精神に働く「宇宙力」
歴史に痕跡を残す「宇宙力」

宇宙の力は常に変化してきました。
そして、この宇宙力というものを一人ひとりが、どうとらえるか。

宇宙力には、様々な法則があり、働きがあるのです。

2023年8月　Dr.Shu　五島秀一

未来科学の基礎方程式（論文）

Ⅰ　磁場から自然に電流が生ずる基礎理論

Ⅱ　高温超伝導方程式からスピンを導く

Ⅲ　重力場発生装置の基礎となるスピンと重力場の関係について

Ⅳ　重量の軽減実験について

Ⅴ　スピン波方程式

Ⅵ　一般化ディラック方程式

Ⅶ　進化型カルツァ・クライン（Kaluza-Klein）理論（電磁場、重力場を５次元で統一する）

Shuichi Goto
五島 秀一

Ⅰ　磁場から自然に電流が生ずる基礎理論

（1）J. Bardeen, L. N. Cooper, and J. R. Schrieffer, phys. Rev. 108, 1175 (1957).

言うまでもなく、超伝導の現象論的方程式である、London 方程式の理論的基礎づけは、1957年に BCS 理論によって与えられた。

超伝導の厳密な理論は今日においてもこれ以上のものはない。しかしながら、ある特殊な条件の下では、London 方程式をマックスウェルの方程式を変形することによって、容易に導くことができる。

当論文は、その導き出しのプロセスの中から、超伝導理論のさらなる発展に役立つヒントを得ようと試みる。

1. 序文

この論文は、高温超伝導研究のための有用なヒントを与えるためのものである。ほとんどの高温超伝導の理論は現象論的な理論である。(e. g [12])

その結果、これらの理論では説明しきれない多数の現象が起きている。

当研究では、研究の出発点にマクスウェル方程式を取り上げ、この方程式から多数の現象をその根底から説明し得るより根源的な理論を導き出そうとしている。

しかしながらこの研究では、単純で限定的なモデルを採用せざるを得なかったことは、認めざるを得ない。

それでもそのモデルが仮定した条件を満たす現象は多数存在し得る。何より温度の上限値の条件が明示されていないので、高温超伝導研究への一里塚ともなろう。

超伝導研究とはいえ、その全体を相手にすることは不可能に近い。それゆえに今我々は、議題をマイスナー効果に絞り、どのような場合にマイスナー効果が表れるかを検討することにする。議題をマイスナー効果に絞ったとしても、本論文の目的がぼやけてしまうことはない。

言うまでもなくマイスナー効果というものは、超伝導現象の最も根本的な現象だからである。

ではマイスナー効果の特徴の説明から研究をはじめよう。マイスナー効果とは、超伝導体の試料の内部から、完全に磁場が排除される現象である。(完全反磁性とも呼ばれる)

それゆえにマイスナー効果は、完全導体における磁場の遮蔽効果とは本質的に異なる。このマイスナー効果を記述するのが、ロンドン方程式で、それは以下のように与えられる。

$$\frac{n_s e^2}{m} B + \nabla \times j_0 = 0 \qquad \cdots\cdots (1)$$

n_s：超伝導電子密度

e：電荷

m：電子質量

B：磁束密度

j_0：電流密度

式（1）は、ピパードの式（2）を仮定することで、導かれることをF.ロンドンとH.ロンドンが発見した。（文献［1］）

$$\nabla \times j(r) = -\int dr' K(r-r') B(r') \quad \cdots\cdots (2)$$

簡単に説明すると、もし積分核 $K(r)$ が、$\int drK(r) = K_0 \neq 0$ であるならば、$K(r)$ の広がりの範囲内で磁場がゆっくりと変化するという極限において、

式（2）は、$\nabla \times j(r) = -K_0 B(r)$ となる。すなわち式（1）が得られる。

しかしながら、式（2）からマイスナー効果の直観的な意味を理解することは困難である。

一方でマイスナー効果を説明するうえで、物理的な直観力に優れたギンツブルグーランダウ理論は、現象論に基礎を置くという、理論上の欠陥を補うために、1959年にゴルコフがグリーン関数を用いて厳密化すると同時にかえって直観的な意味が不明確になってしまった。

L. P. Gor'kov Zh. Eksperim. i Teor. Fiz. 36, 1918 (1959) ［Soviet physics, -JETP9, 1364 (1959)］

多少の厳格さは欠いたとしても、厳密な電磁気学に基礎を置きつつ、マイスナー効果の直観的な意味を理解させ得る方程式の導出が必要とされているのである。

この目的達成のために、以下に我々は三つの観点に立って簡単なモデルをつくり上げる。

一つ目の観点は、試料がおかれる外部環境である。(試料と外部磁場との相互作用などの考慮が含まれる)

二つ目の観点は、電子の束縛状態に関する観点である。

三つ目の観点は、道具として用いる理論の選択に関する観点である。

(固体物理学においては、試料内部での荷電粒子の振る舞いが今なお判然としない面がある。議論を展開する際に、古典的理論や量子論などの近代的理論のどの部分を用いるのかを、はっきりさせておく必要がある)

まず、試料がおかれる外部環境について、簡単なモデルを考えてみる。その前に試料として、何が適切かと考えよう。完全導体において見られる現象と、マイスナー効果には現象的に似通ったものがある。もちろんこれらは全く別のものである。

そこで如何なる条件が前提されれば、完全導体においてマイスナー効果が発現するのかを明らかにすれば、マイスナー効果の本質的な意味が明らかになると思われる。

従ってまず試料は、完全導体を仮定することにする。さらに単純化のために、外部磁場は空間的に一様であるとする。磁束密度B(t) は、時間 t のみの関数である。

続いて電子の束縛状態に関する観点である。古典的な理論においては、独立電子近似を用いるドルーデモデルがよく知られている。

このモデルは、熱伝導に関するヴィーデマン・フランツ（1853年）の経験則をよく説明するなど、多くの成果を上げた。要するにこのモデルは、１個の電子の運動を古典力学で記述することができるという特徴を持つ。

しかし電子を集団として見る場合には、このモデルは明らかに不十分で、この欠陥を補ったものが速度分布をフェルミディラック分布と見るゾンマーフェルトの理論である。

当論文においては電子の状態に関して、ゾンマーフェルトの見方を採用している。これは、自由電子近似の立場を採用することを意味する。

もちろん厳密に考えれば、試料内部が自由電子であるとは考えにくい。（[1]）

しかしながら、イオンの周期的な格子の存在に対応してつくられたブロッホの理論を用いたとしても、金属の伝導帯においては、依然として自由電子的現象があらわれてしまう。（[2]［3］［4]）

今のところ試料内部を自由電子近似にしてよい厳密な理論的根拠は発見されていないが、本論文の目的からすればこれで充分と考えられる。

ゾンマーフェルトの見方を採用してよいかどうかに関する正当な根拠についての解説は［1］に詳しい。それゆえに用いる理論は次の通りとなる。

はじめに古典電磁気学のマックスウェル方程式を用いる。個々の荷電粒子の振る舞いについては古典力学を、集団における相互作用が問題になる場合には、パウリの排他律、フェルミ・ディラック統計を用いる。そして場の理論は用いない。

2. 完全導体における現象とマイスナー効果の違い

では、完全導体における現象とマイスナー効果の違いを見てみよう。

ファラデーの電磁誘導の式は、

$$\nabla \times E = -\frac{\partial B}{\partial t} \qquad \cdots\cdots (3)$$

である。これが試料内で成り立っている。

E：超電力

B：磁束密度

さて今、B(t) が初期値 $B(\tau_1)$ から $B(\tau_2)$ まで増加したとして、式（3）の両辺を時間 τ_1 から τ_2 まで積分すれば、

$$\int_{\tau_1}^{\tau_2}\{\nabla\times E(t)\}\,dt=-\int_{\tau_1}^{\tau_2}\frac{\partial B}{\partial t}dt$$

$$=(-B(\tau_2)-B(\tau_1)) \qquad \cdots\cdots (4)$$

となる。

式（4）の意味するところはこうである。

完全導体においては、増加量 $B(\tau_2)-B(\tau_1)$ が排除される。しかしながらマイスナー効果においては、磁束密度 $B(\tau_1)$ も排除されてしまう。

つまり磁束密度 $B(\tau_2)$ が丸ごと排除されてしまう。要するに式（4）のままでは、マイスナー効果を説明できない。

この状況を切り抜けるには、$B(\tau_0)=0$ であるような初期状態 τ_0 からの積分を考え、τ_1 や $B(\tau_1)$ を無視することである。

実験室においては、B(t) が $B(\tau_1)$ から $B(\tau_2)$ へと増加したとしても、計算上は時間 τ_0 から τ_2 への範囲で積分するのである。

このことの物理的意味を考えてみよう。式（3）は磁場変化の速さがあまり速くなく、各瞬間は定常状態と見做せ、この定常状態が時間とともに徐々に変わるいわゆる準定常状態で成り立つ。

$B(\tau_1)$ から $B(\tau_2)$ への変化は、準定常状態とみなせても、$B(\tau_0)$ から $B(\tau_1)$ への変化も準定常状態と見做せるかどうかは自明では

ない。

そこで今は、$B(\tau_0)$ から $B(\tau_1)$ への変化を準定常状態と見做せると仮定してみる。ここにも超伝導状態の本質がひそんでいると思われる。

すると式（4）は、

$$\int_{\tau_0}^{\tau_2}\{\nabla\times E(t)\}\,dt=-B(\tau_2) \qquad \cdots\cdots (5)$$

のように、なる。

式（5）ならば、マイスナー効果を上手く説明できそうである。

なおここでは、初期状態 $B(\tau_0)=0$ が現実に起こり得るかどうかの議論はしない。

3. マイスナー効果の直観的な意味について

それでは式（5）の物理的な意味について研究してみよう。回転と積分は交換できるから、式（5）から

$$\nabla\times\int_{\tau_0}^{\tau_2}E(t)\,dt=-B(\tau_2) \qquad \cdots\cdots (6)$$

を得る。磁場が与えられると反対磁場をつくるように電場が成長する。

両辺に電荷 q_i をかけて、

$$\nabla\times\int_{\tau_0}^{\tau_2} q_i E(t)\,dt = -q_i B(\tau_2) \qquad \cdots\cdots (7)$$

i：自然数

ここに

$$\overline{U_i} \equiv \int_{\tau_0}^{\tau_2} q_i E(t)\,dt \qquad \cdots\cdots (8)$$

と定義する。

$\overline{U_i}$ は運動量の次元を持つ。つまり電流に関連した運動量である。

すると式（7）は、

$$\nabla\times\overline{U_i} = -q_i B(\tau_2) \qquad \cdots\cdots (9)$$

となる。

荷電粒子の集団と考えると、我々のモデルにおいては荷電粒子間の相互作用は無視されているから、

$$\nabla\times\sum_i \overline{U_i} = -\sum_i q_i B(\tau_2) \qquad \cdots\cdots (10)$$

が集団を記述する式である。

もし式（10）がマイスナー効果を表しているとすれば、マイスナー効果が起こるかどうかは式（10）が物理的に成立するかどうかに関わっている。

あとで実際に式（10）からロンドン方程式が導出されることを示そう。

式（10）の物理的意味は次の通りである。

もしも、$B(\tau_2)$ が全電子に与えられると、運動量の総和である $\sum_i \overline{U_i}$ の回転量が発生する。

今もし試料が強磁性体であったなら、例えば電子のスピンは皆整列してしまう。この時、パウリの排他率から、式（10）における各 $\overline{U_i}$ はそれぞれ異なる値をとらざるを得ない。

エネルギー準位を表す、フェルミ・ディラック統計の式を考慮に入れると、式（10）の左辺の値は巨大なものとなり、右辺との間で釣り合いが取れず、結局式（10）は不成立となる。

反強磁性体においては、隣接する電子は反平行スピンを持つ。それゆえ、式（10）の左辺の $\sum_i \overline{U_i}$ は大変小さな値となる。

この場合には式（10）は成立しやすい。つまり、$\sum_i \overline{U_i}$ の値が小さいほど、マイスナー効果は起こりやすいと言えよう。

このことは、マイスナー効果が反強磁性体において起こりやすい事情を上手く説明している。

もちろん強磁性体においても、隣接する電子のスピンが整列しないように工夫できれば、マイスナー効果も起こり得る。ここにマイスナー効果の直観的な意味づけが成されたのである。

4. ロンドン方程式の導出

それでは実際に式（10）から、ロンドン方程式を導出してみよう。

今、

$$\overline{U_A} \equiv \sum \overline{Ui} \quad \cdots\cdots (11)$$

と定義する。

すると式（10）は、

$$\nabla \times \overline{U_A} = -\sum_i q_i B(\tau_2) \quad \cdots\cdots (12)$$

となる。

式（8）の積分領域を、$m\delta t = \tau_2$となるように微小領域に分けると、式（11）から、

$$\overline{U_A} = \sum_{j=1}^{m} \int_{(j-1)\delta t}^{j\delta t} \sum_i q_i E_i(t)\,dt \cong \sum_{j=1}^{m} \sum_i q_i E_i^j(j\delta t)\,\delta t \quad \cdots\cdots (13)$$

荷電粒子の荷電量をすべて、

$$e \equiv q_i \quad \cdots\cdots (14)$$

とすれば、式（13）から

$$\overline{U_A} = \sum_{j=1}^{m} \sum_i eE_i^j(j\delta t)\,\delta t \quad \cdots\cdots (15)$$

を得る。

つまり以下荷電粒子は電子を意味している。電気伝導に関する標準的なドルーデ模型では、個々の電子の運動には古典力学が用いられるから（[5]）

$$eE_i^j(j\delta t)=\overline{m}\,\alpha_i^j+\overline{m}\frac{v_i^j}{\tau_i^j}=\overline{m}\frac{dv_i^j}{dt}+\overline{m}\frac{v_i^j}{\tau_i^j} \quad \cdots\cdots (16)$$

$\overline{m}$：電子質量

α_i^j：加速度

v_i^j：速度

τ_i^j：緩和時間

今我々が採用するモデルにおいては、自由電子近似と独立電子近似が前提であるから、式（16）は妥当である。

さらに今、完全導体を前提としているのであるから、式（16）において $\frac{v_i^j}{\tau_i^j}$ は、無視してよい値であろう。

ゆえに式（16）は、

$$eE_i^j(j\delta t)=\overline{m}\frac{dv_i^j}{dt} \quad \cdots\cdots (17)$$

となる。

式（15）、式（17）から、

$$\overline{U_A}=\sum_{j=1}^{m}\sum_{j}\overline{m}\frac{dv_i^j}{dt}\cdot\delta t$$

$$=\overline{m}\sum_{j=1}^{m}\sum_{j}dv_i^j$$

$$=\overline{m}V \qquad \cdots\cdots (18)$$

を得る。

今、

$$\overline{V}=\sum_{j=1}^{m}\sum_{j} dv_i^j \qquad \cdots\cdots (19)$$

とした、式（12)、式（18）から、

$$\nabla\times\overline{mV}=-\sum_{i} q_i B(\tau_2)$$

$$=-NeB(\tau_2) \qquad \cdots\cdots (20)$$

を得る。

$$\left(Ne=\sum_{i} q_i=\sum_{i} e\right)$$

i ＝電子の数

式（20）において、我々はＮが定数である。つまりイオンの力によって、試料内部に電子が拘束されていると仮定している。すなわち試料は外部の物体から独立していると見做している。

すると、式（20）から

$$\frac{N}{m}eB(\tau_2)+\nabla\times\overline{V}=0 \qquad \cdots\cdots (21)$$

となる。

両辺にｅをかけると、

$$\frac{N}{m}e^{2}B(\tau_{2})+\nabla\times e\overline{V}=0 \qquad \cdots\cdots (22)$$

完全導体においては電流密度 J を

$$J=e\overline{V} \qquad \cdots\cdots (23)$$

としてよかろう。

すると式（22）は、

$$\frac{N}{m}\cdot e^{2}B(\tau_{2})+\nabla\times J=0 \qquad \cdots\cdots (24)$$

となる。

試料の体積を K とすれば、式（24）の両辺を K で割って、

$$\frac{1}{m}\cdot\frac{N}{K}e^{2}B(\tau_{2})+\nabla\times\frac{J}{K}=0 \qquad \cdots\cdots (25)$$

ここに、$\frac{N}{K}$ は電子密度で、$\frac{J}{K}$ は電流密度であるから、式（25）は、式（1）そのものである。

5. 超伝導の他の研究と当論文を比較する

我々は、単純なマクスウェル方程式の積分から、極めて簡単なモデルを仮定することによって、ロンドン方程式を得た。

昨今の研究の大勢は、高温超伝導現象の発見に比重がかかりすぎて、土台となる理論の発展（例えば BCS 理論の発展）となると、見当さえつかないというのが現状のようであり、この研究がその理

論発見のいささかのお手伝いともなれば幸いである。
（現象論的理論なら山ほどある。例えば、[8] [9] [10] [11] [13] [14] [15]）

最近は、鉄系超伝導体の発見も著しい。例えば、Fe As 系では Fe As 層に電子かホールをドープして、磁気秩序を破壊してはじめて超伝導が生じるが、（Y. Kamihara, et al.; J. Am. Chem. soc. 130 (2008) 3296）これなどは、式（10）の左辺の値を小さくした結果であると見ることもできよう。

あるいは、BCS 理論においては、電子対がボース・アインシュタイン凝縮を起こすことによって超伝導が起きると考えられるが、この場合にも、電子のスピンは無視できるので式（10）が成立しやすいと考えることができよう。

6. まとめ

この研究においては、多少の厳密さを犠牲にしながらも、マクスウェル方程式からロンドン方程式を導出することで、超伝導の基本的方程式であるマイスナー効果の直感的な物理的意味を明らかにした。

II　高温超伝導方程式からスピンを導く

続いて式（7）から、角運動量を導いてみよう。

今、電荷 q_i が、B を法線方向に持つ面 S 上に分布しているとして、式（1）の両辺を面 S 上で面積分を行うと、（あるいは面 S の境界 L を共有する面としてもよい）

$$\int_S \{\nabla\times\int_0^\tau q(s)E(t,s)dt\}_\perp ds=-\int_S q(s)B(s)ds \quad \cdots\cdots (26)$$

が得られる。

こうして両辺は角運動量の次元を持った。

q(s)、E(t, s)、B(s) 等は、面 S 上の各点での関数であることを表している。尚、s、ds はスカラーである。

さて、式（2）を次のように解決しよう。磁束 B のみから成る、系Ⅰと、電荷 q(s) から成る系Ⅱを考える。

磁束 B が、系Ⅱの電荷 q(s) に作用する前は、系Ⅱの角運動量はゼロであった。

ところが磁束 B が光速度 c で、系Ⅱの電荷 q(s) に作用すると、磁束 B は、

$$\widetilde{U}=\int_S q(s)B(s)ds \quad \cdots\cdots (27)$$

なる角運動量 $\widetilde{U}$ を生成する。（磁束 B の存在する場に生成すると考える）

すると、系Ⅱの角運動量の保存則によって、系Ⅱは、

$$\int_S \{\nabla\times\int_0^\tau q(s)E(t,s)dt\}_\perp ds=-\int_S q(s)B(s)ds \quad \cdots\cdots (28)$$

なる角運動量を時間τかかって生成する。

従って、Faradayの電磁誘導の法則は、角運動量の保存則に基づくことがわかった。

すると、はじめから磁束Bと電荷q(S)から成る系Ⅲがあれば、系Ⅲには、

$$U=-\int_S q(s)B(s)ds=-\int_S\left\{\nabla\times\int_0^\tau q(s)E(t,s)dt\right\}_\perp ds\cdots\cdots \quad (29)$$

なる角運動量があるはずである。

今、

$$Q_k=-\int_0^\tau q(s)E_k(t,s)dt \qquad \cdots\cdots \quad (30)$$

(k=x, y, zである) 式 (29) から、

$$U=\int_S\left\{\frac{\partial Qy}{\partial x}-\frac{\partial Qx}{\partial y}\right\}ds=\oint_L Q_\parallel d\ell \qquad \cdots\cdots \quad (31)$$

$Q_\parallel$は、Lへの平行成分である。

今、

$$|U|=\left|\left(\oint_L d\ell\right)\cdot\overline{Q}_\parallel\right| \qquad \cdots\cdots \quad (32)$$

とすれば、

不確定性原理により、$|U|\geqq\frac{\hbar}{2}$となる。

従ってたとえば、たとえ、S→0、すなわち $\left|\oint_L d\ell\right| \to 0$ となったとしても、Uの値は0とはなりえない。

そこで、

$$\overline{U}=\lim_{S\to 0}U \qquad \cdots\cdots (33)$$

なる角運動量を考えると、これは、1個の荷電粒子に定義された広がりを持たないスピン類似の量となる。

しかも、$\overline{U}$ は、Bに平行だからスピンとは平行または、反平行の関係にある。

$\overline{U}$ の値は、スピンに匹敵するほど大きいので、もし $\overline{U}$ がスピンとは別物であるとしたならば、スピンの値は今日までに観測された値とは異なるものとなろう。

それゆえ、$\overline{U}$ はスピンそのものであると考えられる。しかしながらここで、若干の修正が必要である。

式（31）からわかるように、今もし閉曲線Lが、1つの円周であるならば、半径をrとすれば、$Q_{\|}$ を一定値として、

$$U=Q_{\|}\cdot 2\pi r \qquad \cdots\cdots (34)$$

となる。

ところが、通常の角運動量を考えると、その値は、$Q_{\|}\cdot r$ となる。

これは式（34）の値の、$\frac{1}{2\pi}$となっている。

そこであらためて、

$$\overline{\overline{U}}=\frac{1}{2\pi}\cdot\overline{U}=\frac{1}{2\pi}\lim_{L\to 0}\oint_L\overline{Q}_{\parallel}d\ell \quad \cdots\cdots (35)$$

をスピンであるとしよう。

$\overline{\overline{U}}$の値はいくらになるであろうか。

狭義の幾何学的位相であるベリーの位相から、光の偏光現象が説明された。

（RY Chiao and A. Tomita Physical review letters, 57 (1986) 937）
そこで、スピンの値を求める場合にも、幾何学的位相の観点は重要であろう。

すなわち今、位置変数をℓとして、質量 m の粒子が閉軌道 L 上をハミルトン関数、

$$H=\frac{P^2}{2m}+V(\ell) \quad \cdots\cdots (36)$$

v(x)：位置エネルギー
の下で運動すると考えると、これは1次元ポテンシャル問題に帰着する。

この問題をシュレーディンガー方程式

$$i\hbar \frac{\partial \psi}{\partial t} = H\psi \qquad \cdots\cdots (37)$$

を用いて解くときに、シュレーディンガーが行ったように、波動関数ψの形を、

$$\psi(\ell) = A \exp\left[\frac{i}{\bar{h}} L\right] \qquad \cdots\cdots (38)$$

と仮定するのである。

（T. Hatsuda, and H. Kuratsuji: preprint SUNY at Stony-Brock (1990); KKikkawa Physics Letters B297 (1992) 89）

ただし、A は、実数とは限らない。

式（38）を式（37）に代入して、$\bar{h}$の次数について整理すれば、0 次の項からは、

$$\frac{\partial L}{\partial t} + \frac{1}{2m}\left(\frac{\partial L}{\partial \ell}\right)^2 + v(\ell) = 0 \qquad \cdots\cdots (39)$$

また 1 次の項から、

$$\frac{\partial A}{\partial t} = -\left(\frac{\partial^2 L}{\partial \ell^2}\cdot A^2 + 2\,\frac{\partial L}{\partial \ell}\,\frac{\partial A}{\partial \ell}\right)\frac{1}{2m} \qquad \cdots\cdots (40)$$

$$\therefore \quad \frac{\partial A^2}{\partial t} = -\frac{\partial}{\partial \ell}\left(\frac{A^2}{m}\,\frac{\partial L}{\partial \ell}\right) \qquad \cdots\cdots (41)$$

今、エネルギー一定の定常状態を考えると、作用関数は、

$$L(\ell, t) = -Et + W(\ell) \qquad \cdots\cdots (42)$$

$$Q_{\parallel} = \partial_{\ell} L \qquad \cdots\cdots (43)$$

（ρ：運動量）

だから、

$$W(\ell)=\int^{\ell} Q_{\parallel}d\ell \quad \cdots\cdots (44)$$

よって、

$$\frac{1}{2m}\left(\frac{dw}{d\ell}\right)^2+v(\ell)=E \quad \cdots\cdots (45)$$

がハミルトン・ヤコビ方程式である。

閉曲線上の位相変化量は、

$$\bar{h}^{-1}\oint_L Q_{\parallel}d\ell+\Delta\ell ogA\equiv\Delta\Phi \quad \cdots\cdots (46)$$

ここに、

$$\Delta\ell ogA=-i\oint_L \nabla\ell ogAd\ell \quad \cdots\cdots (47)$$

である。

波動関数の一価性の要求から、

$$\oint_L Q_{\parallel}d\ell=\left(n+\frac{i}{2\pi}\oint_L \nabla\ell ogAd\ell\right)2\pi\bar{h} \quad \cdots\cdots (48)$$

（n：整数）

確率保存式は、

$$\frac{d}{d\ell}(vA^2)=0 \qquad \cdots\cdots (49)$$

$$vA^2=R(\mathrm{const}) \qquad \cdots\cdots (50)$$

として

$$A=\sqrt{\frac{R}{v}} \qquad \cdots\cdots (51)$$

となる。

v=o なる点は、折り返し点（terning point）で、この場所で A の位相は、

$$\sqrt{-1}=\exp\left[\frac{i\pi}{2}\right] \qquad \cdots\cdots (52)$$

に変化する。

よって折り返し点を m 個とすれば、式（48）から、

$$\oint_L Q_{\parallel}d\ell=\left(n+\frac{m}{4}\right)2\pi\bar{h} \qquad \cdots\cdots (53)$$

よって、式（35）より、

$$\overline{\overline{U}}=\left(n+\frac{m}{4}\right)\bar{h} \qquad \cdots\cdots (54)$$

を得る。

特に、n=0、m=2 の時、

$$\overline{\overline{U}}=\frac{\bar{h}}{2} \qquad \cdots\cdots (55)$$

となる。

(Hiroshi, Kurotsuji "Topology and Physics" 1995. maruzen)

式(55)の直観的意味は、次のようである。

粒子が閉軌道Lを1回転すると、直ちに逆回転を起こすが、磁場の向きを一定に保つためには、同時に回転軸の逆転を起こす。

こうして我々は、ディラックの方程式に頼らずにスピンの量を得たが、大事なことは、相対性理論の助けを借りずに、スピンの概念が得られたということである。

Ⅲ　重力場発生装置の基礎となるスピンと重力場の関係について

式(11)のような形で定義されたスピンには、面白い性質がある。

$$\overline{\overline{\mathrm{U}}}=\frac{1}{2\pi}\overline{\mathrm{U}}=\frac{1}{2\pi}\lim_{\mathrm{S}\to 0}\mathrm{U}=\frac{-1}{2\pi}\lim_{\mathrm{S}\to 0}\int_{\mathrm{S}}\left\{\nabla\times\int_{0}^{\tau}\mathrm{q}(\mathrm{s})\mathrm{E}(\mathrm{t},\mathrm{s})\mathrm{dt}\right\}_{\perp}\mathrm{ds} \quad \cdots\cdots (56)$$

$\mathrm{S}\to 0$ の時、運動量、$\int_{0}^{\tau}\mathrm{q}(\mathrm{s})\mathrm{E}(\mathrm{t},\mathrm{s})\mathrm{dt}$ の値は不確定であるが、

$\nabla\times\int_{0}^{\tau}\mathrm{q}(\mathrm{s})\mathrm{E}(\mathrm{t},\mathrm{s})\mathrm{dt}$ の値は確定する。

従って、

$$\overline{\overline{U}}=\frac{-1}{2\pi}\ \ell\underset{S\to 0}{im}\left\{\nabla\times\int_0^\tau q(s)E(t,s)dt\right\}_{\perp}ds$$

$$=\frac{-1}{2\pi}\ \nabla\times\ell\underset{S\to 0}{im}\int_S\left\{\int_0^\tau q(s)E(t,s)dt\right\}_{\parallel}ds \qquad \cdots\cdots (57)$$

を得る。

今、

$$\vec{d}=\frac{-1}{2\pi}\ \ell\underset{S\to 0}{im}\int_S\left\{\int_0^\tau q(s)E(t,s)dt\right\}_{\parallel}ds \qquad \cdots\cdots (58)$$

とおく。

ただし x−y 平面は面 S に接するようにとる。

さらにスピンベクトル $\overline{\overline{U}}$ の成分を、

$$\overline{\overline{U}}=(m_{230}, m_{310}, m_{120}) \qquad \cdots\cdots (59)$$

とおく。

すると、

$$\overline{\overline{U}}=\nabla\times\vec{d} \qquad \cdots\cdots (60)$$

であるから、

$$m_{230}=\frac{\partial dz}{\partial y}-\frac{\partial dy}{\partial z}$$

$$m_{310}=\frac{\partial dx}{\partial z}-\frac{\partial dz}{\partial x}$$

$$m_{120}=\frac{\partial dy}{\partial x}-\frac{\partial dx}{\partial y} \qquad \cdots\cdots (61)$$

となる。

さて、スピンベクトル $\overline{\overline{\mathrm{U}}}$ の回転密度を計算してみよう。

またあらかじめ、

$$\vec{\mathrm{T}}=\frac{-1}{2\pi}\int_0^{\tau}\mathrm{q}(\mathrm{s})\,\mathrm{E}(\mathrm{t},\mathrm{s})\,\mathrm{dt} \qquad \cdots\cdots (62)$$

と表しておく。

$$\left(\nabla\times\overline{\overline{\mathrm{U}}}\right)_{\mathrm{x}}=\frac{\partial \mathrm{m}_{120}}{\partial \mathrm{y}}-\frac{\partial \mathrm{m}_{310}}{\partial \mathrm{z}}$$

$$=\frac{\partial}{\partial \mathrm{y}}\left(\frac{\partial \mathrm{dy}}{\partial \mathrm{x}}-\frac{\partial \mathrm{dx}}{\partial \mathrm{y}}\right)-\frac{\partial}{\partial \mathrm{z}}\left(\frac{\partial \mathrm{dx}}{\partial \mathrm{z}}-\frac{\partial \mathrm{dz}}{\partial \mathrm{x}}\right)=(\vec{\mathrm{T}})_{\mathrm{y}}\cdots (63)$$

$$\left(\nabla\times\overline{\overline{\mathrm{U}}}\right)_{\mathrm{y}}=\frac{\partial \mathrm{m}_{230}}{\partial \mathrm{z}}-\frac{\partial \mathrm{m}_{120}}{\partial \mathrm{x}}$$

$$=\frac{\partial}{\partial \mathrm{z}}\left(\frac{\partial \mathrm{dz}}{\partial \mathrm{y}}-\frac{\partial \mathrm{dy}}{\partial \mathrm{z}}\right)-\frac{\partial}{\partial \mathrm{x}}\left(\frac{\partial \mathrm{dy}}{\partial \mathrm{x}}-\frac{\partial \mathrm{dx}}{\partial \mathrm{y}}\right)=(\vec{\mathrm{T}})_{\mathrm{x}}\cdots (64)$$

$$\left(\nabla\times\overline{\overline{\mathrm{U}}}\right)_{\mathrm{z}}=\frac{\partial \mathrm{m}_{310}}{\partial \mathrm{x}}-\frac{\partial \mathrm{m}_{230}}{\partial \mathrm{y}}$$

$$=\frac{\partial}{\partial \mathrm{x}}\left(\frac{\partial \mathrm{dx}}{\partial \mathrm{z}}-\frac{\partial \mathrm{dz}}{\partial \mathrm{x}}\right)-\frac{\partial}{\partial \mathrm{y}}\left(\frac{\partial \mathrm{dz}}{\partial \mathrm{y}}-\frac{\partial \mathrm{dy}}{\partial \mathrm{z}}\right)=0 \quad \cdots\cdots (65)$$

ただし、２次の微分項は無視している。

$\vec{\mathrm{T}}$ は、運動量の次元をもっていたから、式（63）～（65）は、スピンの回転が運動量を生成することを示している。

$\nabla \times \overline{\overline{U}} = \vec{K}$ …… (66)

$\vec{K}$：運動量と表現すると、

$$\nabla \times \frac{\partial \overline{\overline{U}}}{\partial t} = \frac{\partial \vec{K}}{\partial t} = \vec{F} \quad \cdots\cdots (67)$$

を得る。

$\vec{F}$ は、スピンに伴う一つの力である。スピンは電荷のない粒子にも存在する。

従って、$\vec{F}$ は、電気的に中性の力である。これが重力である可能性もある。

重力と力学的な力の違いを重量に与える影響について考えてみよう。

今 mg の物体の重量を $\vec{f}$ とすれば、M を地球の質量として、

$$\vec{f} = G \cdot \frac{M \cdot m}{r^2} = g \cdot m \quad \cdots\cdots (68)$$

である。

（ダイン g：重力加速度）

今、式（67）で表される力、$\vec{F}$ が重力であるとする。

等価原理によって、局所的には重力は力学的な力であるが、大局的には異なる。

重力であるためには、重力の原因となる質量を持った質点がなければならない。

質量・エネルギーの保存則を考えると、地球質量の一部、m_0が重力をつくり出すと$\left(m_0 \text{は} \frac{\partial \overline{\overline{U}}}{\partial t} \text{の大きさに比例する}\right)$言える。

すなわち、

$$\vec{F}=G\cdot\frac{m_0\cdot m}{r^2} \quad \cdots\cdots (69)$$

地球の残りの質量 $M-m_0$ は、

$$\vec{F}=G\cdot\frac{(M-m_0)}{r^2}\cdot m \quad \cdots\cdots (70)$$

なる重量を発生する。

すると明らかに、

$$\vec{F}+\vec{F'}=\vec{f} \quad \cdots\cdots (71)$$

となる。

つまり、式（67）で表される力$\vec{F}$が、重力である場合には、重量は変化しない。

ところが、式（67）で表される力が、逆重力であるなら、

$$-\vec{F}=-G\cdot\frac{m_0\cdot m}{r^2} \quad \cdots\cdots (72)$$

となる。

地球の残りの質量 $M-m_0$ は、式（70）のような重量を発生する。

従って、

$$\vec{F'}-\vec{F}=G\cdot\frac{(M-2m_0)}{r^2}\cdot m \qquad \cdots\cdots (73)$$

が合計の重量となる。

すなわち式（67）で表される力が、逆重力である場合には、重量が変化する。

ところがもし$\vec{F}$が力学的な力であれば、式（67）の力の符号が十であろうが一であろうが、重量が変化することはすぐにわかる。

さて、力$\vec{F}$が重力であるのか、力学的な力であるのか、これを検証してくれるのが、1989年にフィジカル・レビューに発表された、Hideo Hayasaka と Sakae Takeuchi によって行われた重量の軽減実験である。

Ⅳ　重量の軽減実験について

さて今、イオン化傾向が大で、かつ磁化率の大きな金属球を地球表面に対して、垂直な軸の周りに回転させる実験を考えみよう。

（早坂実験ではブラス、アルミニウム、シリコン、スティールを用いている。他にホイスラー合金（Heusler alloy）も良い。

早坂実験に異論を唱えた、J. E. Fallen, W. J. Hollander、P. G. Nelson, and M. P. McHugh “Gyroscope-weighing experiment with

a null result" 19February 1990. では、ブラスを用いている。金属の種類を考えて、再実験するべきである)

今、右回りに金属球を回転させたとする。

イオン化傾向が大であれば、遠心力で電子は水平面の外周部へ運ばれ、その結果、

電気 $\vec{E}$ が放射状に発生する。

すると修正されたアンペールの法則（Ampère's circuital law）によって、鉛直下方に磁界が生ずる。

すると電磁誘導の法則によって、この磁界を打ち消すような電場が金属内部に発生し、鉛直下方に磁界が生ずる。

図（ii）は電子、中性子などの磁気モーメント、スピンの歳差運動の向きを表している。

この場合、鉛直上方向きの、力 $+\vec{F}$ を発生している。

（μ《ミュー》：磁気モーメント　J：スピン）

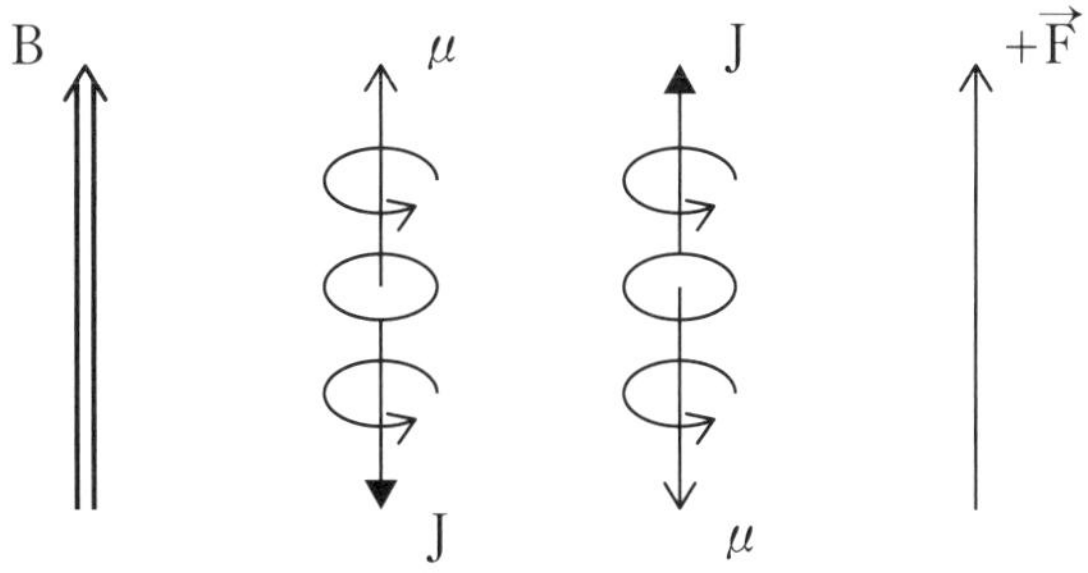

図（ii）

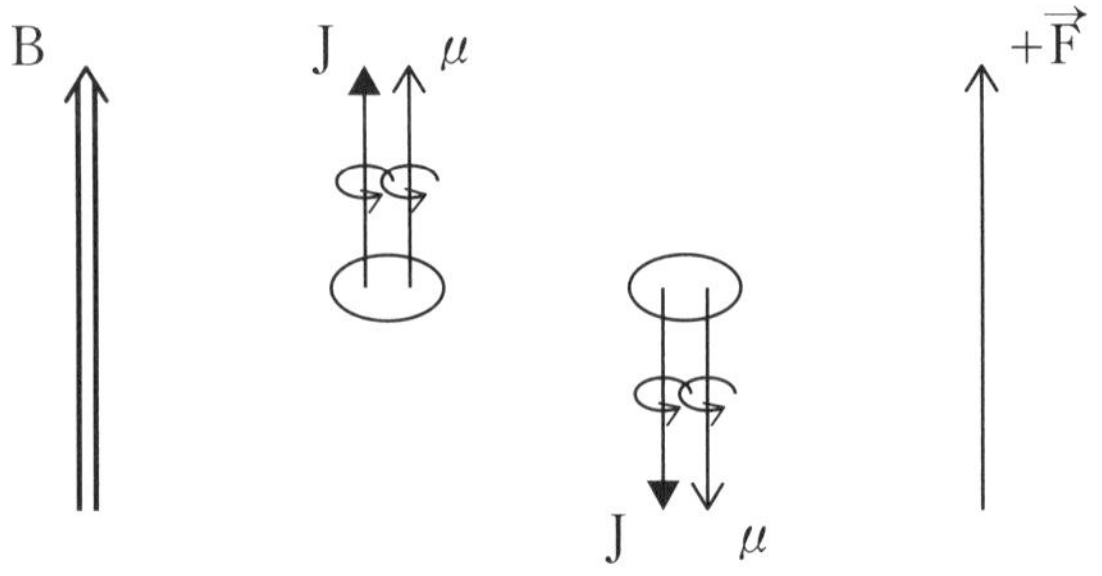

図（iii）

図（iii）は陽子などの磁気モーメント、スピンの歳差運動の向きを表している。
この場合も鉛直上方向きの、力 $+\vec{F}$ を発生している。

同様の考察によって、左回りの場合は鉛直下方向きの力 $\vec{F}$ を発生することがわかる。

実験結果は金属球を右回りに回転させると重量が軽減し、左回りに回転させると重量は変化しないことを示している。

ただしイオン化傾向の小さいブラスのような金属では結果は出ない。
この結果から式（67）で表される力は、重力または、逆重力そのものであることがわかる。

ただし式（67）の形からわかるように、運動量の変化となって観測される重力である。
つまり重力は、回転により制御できる。

V　スピン波方程式

続いて、スピンの波動方程式を求めてみよう。

まず式（60）からスピンベクトル $\overline{\overline{U}}$ が変化する時、角運動量を保存するように、

$$\frac{\partial\overline{\overline{U}}}{\partial t}=-\nabla\times\frac{\partial\vec{d}}{\partial t}=-\nabla\times\frac{-1}{2\pi}\lim_{S\to 0}\int_S q(s)E(t,s)_{\parallel}ds$$

$$=-\nabla\times c\overline{\overline{V}} \qquad \cdots\cdots (74)$$

なる量が発生すると考えられる。

ここに、

$$C\overline{\overline{V}}=\frac{-1}{2\pi}\lim_{S\to 0}\int_S q(s)E(t,s)_{\parallel}ds \qquad \cdots\cdots (75)$$

次に、

$\nabla\cdot C\overline{\overline{V}}$ はエネルギーの次元を持つので、

今、

$$\nabla\cdot(C\overline{\overline{V}})=\rho_m C^2 \qquad \cdots\cdots (76)$$

（ρ_m：質量密度　C：光速度）とおいてみよう。

さて今、式（66）で $\nabla\cdot\vec{K}\neq 0$ であると矛盾を生ずるので、

$$\nabla\times\overline{\overline{U}}=\vec{K}+\vec{X} \qquad \cdots\cdots (77)$$

としてみる。

するとまず、

$$\nabla\cdot\vec{K}+\nabla\cdot\vec{X}=0 \qquad \cdots\cdots (78)$$

である。

オイラーの連続方程式（Euler's equation of continuity）から、

$$\frac{\partial\rho_m}{\partial t}+\nabla\cdot\vec{K}=0 \qquad \cdots\cdots (79)$$

であるから、

$$\nabla\cdot\vec{X}=-\frac{\partial\rho_m}{\partial t} \qquad \cdots\cdots (80)$$

である。

すると式（76）から、

$$\nabla\cdot\vec{X}=\frac{1}{C^2}\cdot\frac{\partial}{\partial t}(\nabla\cdot c\overline{\overline{V}})=\nabla\cdot\left\{\frac{1}{C}\cdot\left(\frac{\partial\overline{\overline{V}}}{\partial t}\right)\right\} \qquad \cdots\cdots (81)$$

つまり、

$$\vec{X}=\frac{1}{C}\frac{\partial\overline{\overline{V}}}{\partial t} \qquad \cdots\cdots (82)$$

よって、

$$\nabla\times\overline{\overline{U}}=\vec{K}+\frac{1}{C}\frac{\partial\overline{\overline{V}}}{\partial t} \qquad \cdots\cdots (83)$$

さて重力場ベクトル $\vec{G}$ と、質量密度 ρ_m の間には、k を万有引力

定数として、

$$-\nabla\cdot\vec{G}=4\pi k\rho_m \qquad \cdots\cdots (84)$$

なる関係がある。

したがって、式（76）と式（84）から、

$$\overline{\overline{V}}=-\frac{C}{4\pi k}\cdot\vec{G} \qquad \cdots\cdots (85)$$

となる。

すなわち、$\overline{\overline{V}}$ なる量は、重力場ベクトル $\vec{G}$ と直接の関係がある。

したがって、$\overline{\overline{V}}$ を制御することができれば $\vec{G}$ を制御できる。

続いて式（60）から、

$$\nabla\cdot\overline{\overline{U}}=0 \qquad \cdots\cdots (86)$$

式（76）、式（74）、式（86）、式（83）を並べて書くと、

$$\nabla\cdot\overline{\overline{V}}=\rho_m c \qquad \cdots\cdots (87)$$

$$\nabla\times\overline{\overline{V}}=-\frac{1}{c}\frac{\partial\overline{\overline{U}}}{\partial t} \qquad \cdots\cdots (88)$$

$$\nabla\cdot\overline{\overline{U}}=0 \qquad \cdots\cdots (89)$$

$$\nabla\times\overline{\overline{U}}=\vec{K}+\frac{1}{C}\cdot\frac{\partial\overline{\overline{V}}}{\partial t} \qquad \cdots\cdots (90)$$

となって、ジェームズ・クラーク・マクスウェルの方程式と同様の式が得られる。

また、式（88）、式（89）、式（90）から、

$$-\Box\overline{\overline{U}}=\nabla\times\vec{K} \quad \cdots\cdots (91)$$

を得る。

真空中では、

$$\Box\overline{\overline{U}}=0 \quad \cdots\cdots (92)$$

式（91）、式（92）が、スピンの波動方程式である。

なお、式（88）から

$$\nabla\times\frac{C^2}{4\pi k}\cdot\vec{G}=+\frac{\partial\overline{\overline{U}}}{\partial t} \quad \cdots\cdots (93)$$

となる。

式（93）と式（67）は、互いに矛盾しない。

VI　一般化ディラック方程式

今、$\overline{\overline{U}}$を軸性スピン、$\overline{\overline{V}}$を極性スピンと名付けよう。

$\overline{\overline{U}}$と$\overline{\overline{V}}$の関係式は、式（87）～（90）のように与えられるが、量子力学においては、$\overline{\overline{U}}$は演算子として表される。したがって$\overline{\overline{V}}$も、演算子として表されるだろう。

$\overline{\overline{\mathrm{U}}}$はディラック方程式を使って演算子として表される。ディラック方程式を一般化すれば、$\overline{\overline{\mathrm{V}}}$の演算子表現ができると考えられる。

ディラック方程式は、

$$\alpha_1 \mathrm{P}_1 + \alpha_2 \mathrm{P}_2 + \alpha_3 \mathrm{P}_3 + \beta \mathrm{mC} = \frac{E}{\mathrm{C}} \qquad \cdots\cdots (94)$$

α_1《アルファ》、α_2、α_3、β《ベータ》：ディラック行列
E《イプシロン》：エネルギー

なる式で、

$$\mathrm{P}_\ell \rightarrow -i\bar{h}\frac{\partial}{\partial \mathrm{X}_\ell} \ (\ell = 1, 2, 3)$$

$$E \rightarrow +i\bar{h}\frac{\partial}{\partial \mathrm{t}} \qquad \cdots\cdots (95)$$

のような置き換えを行なって得られる。この方程式の左辺には、空間的な量しか表れない。

時間と空間の対称性の原理からは、時間的な量も同時に表れることが望ましい。

そのためには、mc を時間軸方向の運動量であると解釈し、

$$\beta = \alpha_4 \qquad \cdots\cdots (96)$$

$$\mathrm{mc} = \mathrm{P}_4 \qquad \cdots\cdots (97)$$

のように、表現することである。

そうすれば、式（94）は、

$$\alpha_1 P_1 + \alpha_2 P_2 + \alpha_3 P_3 + \alpha_4 P_4 = \frac{E}{c} \qquad \cdots\cdots (98)$$

となる。

式（98）を量子化する時は、若干の注意が必要となる。

まず、時間と空間を対等に扱うには、時間軸を、

$$X_4 = ic\tau \qquad \cdots\cdots (99)$$

と、とるのがよい。

ここで、$X_j (j=1, 2, 3, 4)$ は、一つの粒子に固定された座標である。
したがって、τは固有時を表している。

この結果時間軸方向の速度は、$ic\tau/\tau = ic$ のように光速度の i 倍となる。
この値を –i 倍すれば光速度に戻る。

したがって本来は、P_4 を$-i\bar{h}\frac{\partial}{\partial(ct)}$に置き換えたいが、これに、

–i をかけて $-\bar{h}\frac{\partial}{\partial(ct)} = -i\bar{h}\frac{\partial}{\partial x_4}$ に置き換えよう。

次に、Eは固有時τを用いて表現することはできないので、観測系の時間 t を用いて表現する。

よって、式（98）を量子化するための置き換えは次のようになる。

$$P_j \rightarrow -i\bar{h}\frac{\partial}{\partial x_j}\ (j=1, 2, 3, 4) \qquad \cdots\cdots \ (100)$$

$$E \rightarrow +i\bar{h}\frac{\partial}{\partial t} \qquad \cdots\cdots \ (101)$$

こうして次の方程式を得る。

$$\left(-ic\bar{h}\sum_{j=1}^{4}\alpha_j\frac{\partial}{\partial x_j}\right)\psi=+i\bar{h}\frac{\partial\psi}{\partial t} \qquad \cdots\cdots \ (102)$$

この方程式を一般化ディラック方程式と呼ぼう。

電磁場内の一般化ディラック方程式

続いて電磁場内の一般化ディラック方程式を求めよう。

ベクトルポテンシャル (A_j) を

$$(A_j)=\left(A_1, A_2, A_3, i\frac{\phi}{c}\right)=\vec{A} \qquad \cdots\cdots \ (103)$$

ϕスカラー(scalar) ポテンシャルとして4元運動量$\vec{P}$を

$$\vec{P} \rightarrow \vec{P}-q\vec{A} \qquad \cdots\cdots \ (104)$$

と置き換えると、式（102）は、

$$\left\{\sum c\alpha_j\left(-i\bar{h}\frac{\partial}{\partial x_j}-qA_j\right)\right\}\psi=i\bar{h}\frac{\partial\psi}{\partial t} \qquad \cdots\cdots \ (105)$$

となる。

式（105）の左辺と右辺に、左からそれぞれ演算子

$\sum cd_j\left(-i\bar{h}\frac{\partial}{\partial x_j}-qA_j\right)$, $i\bar{h}\frac{\partial\psi}{\partial t}$を施すと、

$$左辺=\{c^2(\vec{p}-q\vec{A})^2-c^2q\bar{h}\,\sigma\cdot\vec{B}+cq\bar{h}\,\rho\vec{E}\}\cdot\psi \quad \cdots\cdots (106)$$

$$右辺=E^2\cdot\psi \quad \cdots\cdots (107)$$

となる。

ここで、行列 ρ_x、ρ_y、ρ_z を次のように定義している。

$$\rho_x=\alpha_1\ \alpha_4$$
$$\rho_y=\alpha_2\ \alpha_4$$
$$\rho_z=\alpha_3\ \alpha_4 \quad \cdots\cdots (108)$$

式（106）（107）において、

$$E=mc^2+E' \quad \cdots\cdots (109)$$

とおいて、

$$|E'|\ll mc^2 \quad \cdots\cdots (110)$$

と言う非相対論的な場合を考えると、

式（106）（107）の両辺を、$2mc^2$で割って、

$$\left\{\frac{(\vec{P}-q\vec{A})^2}{2m}-\frac{mc^2}{2}-\frac{q\bar{h}}{2m}\,\sigma\cdot\vec{B}+\frac{q\bar{h}}{2mc}\,\rho\cdot\vec{E}\right\}\psi=E'\psi \quad \cdots\cdots (111)$$

となる。

式（111）の、左辺の、$-\frac{q\bar{h}}{2m}\sigma\cdot\vec{B}$ は、いわゆる磁場とスピンによる磁気双極子との相互作用による、ゼーマン（Zeeman）エネルギーである。

しかし $\frac{q\bar{h}}{2mc}\rho\cdot\vec{E}$ は、ディラック方程式では表れなかった、新しい相互作用のエネルギーを表している。

電場内において、ゼーマンエネルギーに匹敵するエネルギーが観測されることが、式（106）（107）の検証になる。

ところでもし重力的な演算子 G が、電場 $\vec{E}$ と相互作用してハミルトニアン（Hamiltonian）に表れるとすれば、

それは、

$$-\ell\cdot q\cdot G\cdot\vec{E} \qquad \cdots\cdots (112)$$

（$\ell>0$；係数）のような形をしているはずである。

今、式（111）には、

$$+\frac{q\bar{h}}{2mc}\rho\cdot\vec{E} \qquad \cdots\cdots (113)$$

という項がある。

ところが式（85）において、

$$\overline{\overline{V}}=-\frac{c^2}{4\pi k}\cdot\vec{G} \qquad \cdots\cdots (85)$$

であった。

したがって、ρは、$\overline{\overline{\mathrm{V}}}$の演算子を表すと考えられる。

電磁場内のスピンの挙動

続いて、電磁場内のスピンの挙動を調べるために、ハイゼンベルグ（Heisenberg）の運動方程式を求めてみよう。

まず、

$$\widetilde{\sigma}=\frac{\bar{\mathrm{h}}}{2}\sigma \qquad \cdots\cdots (114)$$

$$\widetilde{\rho}=\frac{\bar{\mathrm{h}}}{2}\rho \qquad \cdots\cdots (115)$$

とおいて、スピン角運動量との対比を明らかにしておく。

すると、$\widetilde{\sigma}$と$\widetilde{\rho}$の間の交換関係は、

$$\widetilde{\sigma}\times\widetilde{\sigma}=\mathrm{i}\bar{\mathrm{h}}\widetilde{\sigma} \qquad \cdots\cdots (116)$$

$$\widetilde{\rho}\times\widetilde{\rho}=-\mathrm{i}\bar{\mathrm{h}}\widetilde{\sigma} \qquad \cdots\cdots (117)$$

$$[\widetilde{\sigma}_{\mathrm{m}}, \widetilde{\rho}_{\mathrm{k}}]=\mathrm{i}\bar{\mathrm{h}}E_{\mathrm{mk}\ell}\widetilde{\rho}_{\ell} \qquad \cdots\cdots (118)$$

のようになる。

ここでたとえば、(m, k, ℓ) ＝ (1, 2, 3) (2, 3, 1) (3, 1, 2) の時、$E_{\mathrm{mk}\ell}=1$である。

式（116）～（118）は、軌道角運動量演算子と、ローレンツブースト（Lorentz boost）演算子との間の交換関係と同じである。

ハイゼンベルクの運動方程式は、ハミルトニアン（Hamiltonian）をH、力学的な量をFとして、

$$\frac{dF}{d\tau}=\frac{i}{h}[H, F] \quad \cdots\cdots (119)$$

と表されるが、今の場合ハミルトニアンに時間τが含まれるので、

$$\frac{dF}{d\tau}=\frac{i}{h}[H, F] \quad \cdots\cdots (120)$$

とする。

今ハミルトニアンとして、式（111）の内で、電磁場との相互作用を表す項目だけとると、

$$\overline{H}=-\frac{q}{m}(\widetilde{\sigma}\cdot\overrightarrow{B}-\widetilde{\rho}\cdot\overrightarrow{E})$$

$$=-\alpha(\widetilde{\sigma}\cdot\overrightarrow{B}-\widetilde{\rho}\cdot\overrightarrow{E}) \quad \cdots\cdots (121)$$

となる。

$$\overline{E}=\frac{E}{c}$$

$\alpha=\frac{q}{m}$　磁気回転比

式（121）を用いて、$F=\widetilde{\sigma}, \widetilde{\rho}$として、式（120）を計算すると、式（116）～（118）から次の式が得られる。

$$\frac{d\widetilde{\sigma}}{dt}=\alpha(\widetilde{\sigma}\times\vec{B}-\widetilde{\rho}\times\vec{E}) \quad \cdots\cdots (122)$$

$$\frac{d\widetilde{\rho}}{dt}=\alpha(\widetilde{\sigma}\times\vec{E}+\widetilde{\rho}\times\vec{B}) \quad \cdots\cdots (123)$$

式（122）（123）は、トーマス（Thomas）歳差運動に表れる運動方程式とよく似ているが、もちろん異なるものである。

L. H. Thomas, The Motion of the Spinning Electron. Nature volume 117, page 514 (1926) The Kinematics of an Electron with an Axis, Phil. Mag. 3, 1 (1927)

式（121）のハミルトニアンは、式（106）（107）の非相対論的極限から得られたが、式（107）のEを、

$$E=MC^2 \quad \cdots\cdots (124)$$

と表せば、Mは静止質量ではなく、運動の関数量となる。

すると、式（106）（107）は次のようになる。

$$M^2C^4=\{c^2(\vec{p}-q\vec{A})^2-c^2q\bar{h}\,\sigma\cdot\vec{B}+cq\bar{h}\,\rho\vec{E}\}$$

$$\therefore\quad E=\left\{\frac{(\vec{P}-q\vec{A})^2}{M}-\frac{q\bar{h}}{M}\,\sigma\cdot\vec{B}+\frac{q\bar{h}}{MC}\,\rho\cdot\vec{E}\right\} \quad \cdots\cdots (125)$$

これをハミルトニアンとして用いれば、式（121）は次のように

なる。

$$\overline{\mathrm{H}}=-\overline{\beta}\,(\widetilde{\sigma}\cdot\vec{\mathrm{B}}-\widetilde{\rho}\cdot\vec{E}) \quad \cdots\cdots (126)$$

$$\overline{\beta}=\frac{2\mathrm{q}}{\mathrm{M}}$$

式（125）の相対論的不変性は、一般化ディラック方程式（102）の相対論的不変性によって保証される。

ローレンツ変換：L^{μ}_{ν}、４元運動量：P^{μ} 、波動関数：ψの変換をそれぞれ

$$P'^{\mu}=\mathrm{L}^{\mu}_{\nu}P^{\nu}\,(P^{\mu}=(\mathrm{L}^{-1})^{\mu}_{\nu}P'^{\nu}) \quad \cdots\cdots (127)$$

$$\psi'=\mathrm{S}\psi\ \ (\psi=\mathrm{s}^{-1}\psi') \quad \cdots\cdots (128)$$

とすれば、式（102）から、

$$\frac{E}{\mathrm{c}}\,\psi=(\alpha_{\mu}\cdot P^{\mu})\,\psi \quad \cdots\cdots (129)$$

$$\frac{E}{\mathrm{c}}\,\mathrm{S}^{-1}\psi'=\alpha_{\mu}P^{\mu}\mathrm{S}^{-1}\psi' \quad \cdots\cdots (130)$$

式（130）の左からＳをかけて、

$$\frac{E}{\mathrm{c}}\,\psi'=(\mathrm{S}\alpha_{\mu}\mathrm{S}^{-1})\,(\mathrm{L}^{-1})^{\mu}_{\nu}P'^{\nu}\psi' \quad \cdots\cdots (131)$$

よって、

$$\mathrm{S}\alpha_{\mu}\mathrm{S}^{-1}(\mathrm{L}^{-1})^{\mu}_{\nu}=\alpha_{\nu} \quad \cdots\cdots (132)$$

を満たす行列Sが存在すれば、一般化ディラック方程式の共変性が示されることになる。

一般化ディラック方程式（102）のハミルトニアン

$$H=-ic\overline{h}\left(\overline{\sum}\alpha_j\frac{\partial}{\partial x_j}\right) \quad \cdots\cdots (133)$$

を用いると、

$$〔H, \rho_x〕=-2ic\overline{h}\left(\alpha_4\frac{\partial}{\partial x_1}-\alpha_1\frac{\partial}{\partial x_4}\right) \quad \cdots\cdots (134)$$

などとなり、ρは保存量ではない。

いま、次のような量、$\vec{i\ell}^0$を考えてみよう。

$$\overline{i\ell}_1^0=\overline{h}\left(x_1\frac{\partial}{\partial x_4}-x_4\frac{\partial}{\partial x_1}\right)$$

$$\overline{i\ell}_2^0=\overline{h}\left(x_2\frac{\partial}{\partial x_4}-x_4\frac{\partial}{\partial x_2}\right)$$

$$\overline{i\ell}_3^0=\overline{h}\left(x_3\frac{\partial}{\partial x_4}-x_4\frac{\partial}{\partial x_3}\right) \quad \cdots\cdots (135)$$

量$i\ell^0$を極性角運動量と名付けよう。

すると、

$$〔H, i\ell_1^0〕=-ic\overline{h}^2\left(\alpha_1\frac{\partial}{\partial x_4}-\alpha_4\frac{\partial}{\partial x_1}\right) \quad \cdots\cdots (136)$$

だから、

$$\left[H, i\ell_1^0 + \frac{\bar{h}}{2}\rho_x\right] = 0 \qquad \cdots\cdots (137)$$

となる。

すなわち極性スピン、$\frac{\bar{h}}{2}\rho$ を導入する以上、

必然的に極性角運動量、$i\ell^0$ を導入しなければならない。

参考までに、普通の角運動量 $\vec{\ell}$（これを軸性角運動量と呼ぼう）の演算子を書いておこう。

$$\ell_1 = \frac{\bar{h}}{i}\left(x_2\frac{\partial}{\partial x_3} - x_3\frac{\partial}{\partial x_2}\right)$$

$$\ell_2 = \frac{\bar{h}}{i}\left(x_3\frac{\partial}{\partial x_1} - x_1\frac{\partial}{\partial x_3}\right)$$

$$\ell_3 = \frac{\bar{h}}{i}\left(x_1\frac{\partial}{\partial x_2} - x_2\frac{\partial}{\partial x_1}\right) \qquad \cdots\cdots (138)$$

極性角運動量、$i\ell^0$ を $\vec{\ell}^0$ と表す。

次に、式（125）のハミルトニアンを、軸性角運動量、極性角運動量を用いて表現してみよう。

式（103）のベクトルポテンシャル（A_j）を次のように定める。

$$A_1 = \frac{B_2}{2}x_3 - \frac{B_3}{2}x_2 + \frac{iE_1}{2c}x_4$$

$$A_2 = \frac{B_3}{2}x_1 - \frac{B_1}{2}x_3 + \frac{iE_2}{2c}x_4$$

$$A_3=\frac{B_1}{2}x_2-\frac{B_2}{2}x_1+\frac{iE_3}{2c}x_4$$

$$A_4=-i\cdot\frac{E_1}{2c}x_1-i\cdot\frac{E_2}{2c}x_2-i\cdot\frac{E_3}{2c}x_3 \qquad \cdots\cdots (139)$$

すると確かに次の式が成り立つ。

$$\vec{B}=\nabla\times\vec{A}$$

$$\vec{E}=-\nabla\phi-\frac{\partial\vec{A}}{\partial t} \qquad \cdots\cdots (140)$$

式（139）を用いると、式（125）において、

$$(\vec{P}-q\vec{A})^2=-q\vec{\ell}\cdot\vec{B}+q\vec{\ell}^0\cdot\vec{E}+(\vec{P})^2+q^2(\vec{A})^2 \qquad \cdots\cdots (141)$$

が得られる。

$$\therefore \quad \frac{(\vec{P}-q\vec{A})^2}{M}=-\vec{\beta}\left(\frac{\vec{\ell}}{2}\cdot\vec{B}-\frac{\vec{\ell}^0}{2}\cdot\vec{E}\right)+\frac{1}{M}\{(\vec{p})^2+q^2(\vec{A})^2\}$$

$$\cdots\cdots (142)$$

今、

$$L=\frac{\vec{\ell}}{2}+\widetilde{\sigma} \qquad \cdots\cdots (143)$$

$$N=\frac{\vec{\ell}^0}{2}+\widetilde{\rho} \qquad \cdots\cdots (144)$$

とおけば、

式（126）は次のようになる。

$$\overline{H}=-\overline{\beta}(L\cdot\vec{B}-N\cdot\vec{E}) \quad \cdots\cdots (145)$$

また、式（135）（138）から、式（116）～（118）と同様の交換関係が得られる。（２次の微分項は無視した）

$$\vec{\ell}\times\vec{\ell}=i\bar{h}\,\vec{\ell} \quad \cdots\cdots (146)$$

$$(i\vec{\ell}^{0})\times(i\vec{\ell}^{0})=-i\bar{h}\,\vec{\ell} \quad \cdots\cdots (147)$$

$$〔\ell_{m},\ (i\ell_{k}^{0})〕=i\bar{h}E_{mk\ell}(i\ell_{\ell}^{0}) \quad \cdots\cdots (148)$$

したがって式（122）（122）は、次のようになる。

$$\frac{dL}{d\tau}=\overline{\beta}(L\times\vec{B}-N\times\vec{E}) \quad \cdots\cdots (149)$$

$$\frac{dN}{d\tau}=\overline{\beta}(L\times\vec{E}+N\times\vec{B}) \quad \cdots\cdots (150)$$

軸性角運動量$\vec{\ell}$極性角運動量$\vec{\ell}^{0}$の間には、
次の関係式が成り立つ。（２次の微分項は無視する）

$$\nabla\cdot\vec{\ell}^{0}=-\frac{3}{c}\cdot E \quad \cdots\cdots (151)$$

$$\nabla\times\vec{\ell}^{0}=-\frac{1}{c}\frac{\partial\vec{\ell}}{\partial t} \quad \cdots\cdots (152)$$

$$\nabla \cdot \vec{\ell} = 0 \qquad \cdots\cdots (153)$$

$$\nabla \times \vec{\ell} = -2P \qquad \cdots\cdots (154)$$

したがって、L、N に対しても、式（87）～（90）と似たような式が成り立つ。

電磁場内のローレンツ変換

次に、式（125）のハミルトニアンを用いて、電磁場内のローレンツ変換を求めてみよう。

ハミルトニアンは時間 t を陽に含まないから、固有時 τ の挙動は式（120）において、

$$F = \tau \qquad \cdots\cdots (155)$$

とすれば、

$$\frac{d\tau}{dt} = \frac{i}{\hbar}[H, \tau] \qquad \cdots\cdots (156)$$

クライン・ゴルドン（Klein-Gordon）方程式より

$$P_1^2 + P_2^2 + P_3^2 + P_4^2 = -(mc)^2 \qquad \cdots\cdots (157)$$

であるから、

$$\frac{i}{\hbar} + \left[\frac{(\vec{P})^2}{M}, \tau\right] = \frac{m}{M} \qquad \cdots\cdots (158)$$

よって、

$$\frac{d\tau}{dt} = \frac{\vec{r} \cdot q\vec{E}}{MC^2} + \frac{m}{M} \qquad \cdots\cdots \text{(159)}$$

を得る。

$\vec{E}=0$ なら

$$\frac{d\tau}{dt} = \frac{m}{M} = \sqrt{1 - \frac{v^2}{c^2}} \qquad \cdots\cdots \text{(160)}$$

となり、これは特殊相対性理論に一致する。

ところがもし、$\vec{r} \cdot q\vec{E}$ が充分大きければ、

$$\frac{d\tau}{dt} > 1 \qquad \cdots\cdots \text{(161)}$$

となり得る。

式（159）を、

$$\frac{d\tau}{dt} = \frac{m}{\overline{M}} \qquad \cdots\cdots \text{(162)}$$

と表現してみよう。

$\overline{M}$ は、質点 m の運動時における見かけ上の質量である。

式（159）（162）から、

$$\frac{m}{\overline{M}} = \frac{m}{M}\left(1 + \frac{W}{mc^2}\right)$$
$$= \sqrt{1 - \frac{v^2}{c^2}}\left(1 + \frac{W}{mc^2}\right) \qquad \cdots\cdots \text{(163)}$$

$W=\vec{r}\cdot q\vec{E}$

電磁場内のローレンツ変換においては、因子$\sqrt{1-\frac{v^2}{c^2}}$でなく、

$\sqrt{1-\frac{v^2}{c^2}}\left(1+\frac{W}{mc^2}\right)$を因子として用いるべきである。

式（163）において、

$$W \ll mc^2 \quad \cdots\cdots (164)$$

の時に、

$$\overline{M} \sim m\left(1-\frac{W}{mc^2}\right)\left(1+\frac{\frac{1}{2}mv^2}{mc^2}\right) \quad \cdots\cdots (165)$$

$$W=\frac{1}{2}mv^2 \quad \cdots\cdots (166)$$

ならば、

$$\overline{M} \sim m\left\{1-\left(\frac{W}{mc^2}\right)^2\right\} \quad \cdots\cdots (167)$$

これは、John F. Donoghue と、Barry R. Holstein が導いた。
慣性質量 mi と、重力質量 mg の間に成り立つ。

$$m_i=m+\delta m_0+\delta m_\beta \quad \cdots\cdots (168)$$
$$m_g=m+\delta m_0-\delta m_\beta \quad \cdots\cdots (169)$$

δm_0：温度非依存質量変数

δm_β: 温度依存質量変数

なる式から、Fran de Aquino が導いた次の式に一致する。

$$m_g = [1 - (\widetilde{U}/m_i c^2)^2] m_i \quad \cdots\cdots (170)$$

$\widetilde{U}$：電磁エネルギー

Fran de Aquinoj は、式（170）を実験によって実証している。特殊相対性理論が、修正を必要としていることは明らかである。式（167）そのものは正しくても、その解決には慎重さが必要である。

John F. Donoghue、Barry R. Holstein (1987) European Journal of Physics, 8, 105

Gravitation and Electromagnetism; Correlation and Grand Unification

Fran De Aquino

式（163）からは、W が充分大きければ、$m > \overline{M}$ となることがわかる。

Ⅶ　進化型カルツァ・クライン（Kaluza-Klein）理論（電磁場、重力場を５次元で統一する）

続いて、式（159）に矛盾しない統一場理論の線素式を求めてみよう。

今線素式を、

$$c^2(d\tau)^2 = d\eta^2 = Gijdx^i dx^j \quad \cdots\cdots (171)$$

$$\begin{pmatrix} i, j \geqq 0 \\ dx^0 = c \cdot dt \end{pmatrix}$$

とおく。すると式（159）から

$$G_{00} = \left(\frac{d\tau}{dt}\right)^2 = 1 - \frac{v^2}{c^2} + \frac{2W}{MC^2}\sqrt{1 - \frac{v^2}{c^2}} + \left(\frac{W}{MC^2}\right)^2 \quad \cdots\cdots (172)$$

今、4元電磁ポテンシャルベクトル $\overline{A}$ を、

$$\overline{A} = \left(-\frac{\phi}{c}, \overline{A}_1, \overline{A}_2, \overline{A}_3\right)$$

$$\overline{A}_0 = -\frac{\phi}{c}$$

とすれば、

$$W = -q\phi \quad \cdots\cdots (173)$$

であるから、式（172）は、

$$\begin{aligned} G_{00} &= 1 - \frac{v^2}{c^2} + \frac{2q}{MC}\overline{A}_0\sqrt{1 - \frac{v^2}{c^2}} + \overline{A}_0^2 \cdot \left(\frac{q}{MC}\right)^2 \\ &= 1 - \frac{v^2}{c^2} + 2q\overline{A}_0 \cdot \frac{1}{mc}\left(1 - \frac{v^2}{c^2}\right) + \overline{A}_0^2 q^2 \cdot \frac{1}{m^2c^2}\left(1 - \frac{v^2}{c^2}\right) \end{aligned} \quad \cdots\cdots (174)$$

重力場が弱い時には、局所的に通常の計量 g_{00} は、

$$g_{00}=1+\frac{2\phi}{c^2}=1-\frac{v^2}{c^2} \qquad \cdots\cdots (175)$$

Φ: 重力ポテンシャル

と表されるから、式（149）は、

$$G_{00}=g_{00}+2\rho\overline{A}_0+\rho'\overline{A}_0^{\,2} \qquad \cdots\cdots (176)$$

$$\rho=q\cdot\frac{1}{mc}\left(1-\frac{v^2}{c^2}\right)$$

$$\rho'=q^2\cdot\frac{1}{m^2c^2}\left(1-\frac{v^2}{c^2}\right)$$

のように、表される。

あるいは一般化すると、

$$G_{\mu\nu}=g_{\mu\nu}+\rho_\mu\overline{A}_\mu+\rho_\nu\overline{A}_\nu+\rho_{\mu\nu}\overline{A}_\mu\overline{A}_\nu \qquad \cdots\cdots (177)$$

のようになる。

すなわち、求められる統一場理論の計量は、式（176）（177）のような関係式を満たすものでなければならない。

カルツァ・クラインが５次元統一場理論で与えた計量は、まさしくこのような要請を満たす。

今、カルツァ・クライン理論における線素を次のように表す。

$$(d\eta)^2=\gamma_{\mu\nu}dx^\mu dx^\nu+\overline{\rho}\,(dx^4+B_\mu dx^\mu)^2 \qquad \cdots\cdots (178)$$

$$g_{\mu\nu}=\gamma_{\mu\nu}+\overline{\rho}B_\mu B_\nu \quad (0\leqq\mu,\ \nu\leqq3) \qquad \cdots\cdots (179)$$

$$g_{\mu4}=\overline{\rho}B_\mu \qquad \cdots\cdots (189)$$

$g_{44}=\overline{\rho}$ …… (181)

$B_\mu=\overline{A}_\mu+k$ …… (182)

（k：定数）

すると、式（178）の右辺の dx^0dx^0 の係数は、

$$係数=\gamma_{00}+\overline{\rho}B_0^2$$

$$=\gamma_{00}+\overline{\rho}k^2+2\overline{\rho}k\overline{A}_0+\overline{\rho}A_0^2 \quad \cdots\cdots (183)$$

したがって、式（176）と（183）を比較して、

$$\overline{\rho}=\frac{q^2}{m^2c^2}\left(1-\frac{v^2}{c^2}\right)=\frac{q^2}{m^2c^2}\cdot g_{00} \quad \cdots\cdots (184)$$

$$k=\frac{mc}{q} \quad \cdots\cdots (185)$$

$$\gamma_{00}=0 \quad \cdots\cdots (186)$$

であれば良い。

重力場がつくり出す $g_{\mu\nu}$ を所与のものとして、

$$\gamma_{\mu\nu}=g_{\mu\nu}-g_{00} \quad \cdots\cdots (183)$$

とすれば、式（186）が導かれる。

すなわち、カルツァ・クライン理論の線素式での条件式（179）を取り下げて、式（183）を採用すれば良い。

いま、式（178）を次の条件で表現してみよう。

条件　・時空は一様かつ等方（すなわち dx^0dx^μ（$\mu \neq 0$）なる項は無視する）

・４元電磁ポテンシャルベクトル　$\overline{A}=0$

・x' 方向のみ考える

・x^4 成分は無視する

すると式（178）は、

$$(d\eta)^2=(dx^0)^2-(dx^1)^2 \qquad \cdots\cdots (184)$$

となる。

さらに、dx^4 を無視し、$\overline{A}_\mu=0$（$\mu=0, 1, 2, 3$）とおけば、

式（178）は、

$$(d\eta)^2=g_{\mu\nu}dx^\mu dx^\nu \qquad \cdots\cdots (185)$$

となって、一般相対性理論の計量に一致する。

Dr. Shu 五島秀一（ごとう しゅういち）

山口県岩国市生まれ。広島大学理学部数学研究科卒。

超越気功協会会長。一般財団法人秀物理学研究所代表。

物理学者。中小企業診断士。経営コンサルタント。

地球環境商品開発多数。国家の運命を占う「歴史波動」、個人の運命を占う「天占易学」、浄化の祈り「気の舞」、前世の語り「魂ヒーリング」、整体施術は延べ80,000件に及び、その多岐にわたる活動すべてがオリジナルで生み出されているものである。

著書に『5次元宇宙の物理学 大統一場理論』、スピリチュアルを解くサイエンスシリーズ『神の望み』、『歴史波動』、『ムーとアトランティス』、『幽体離脱で見た宇宙』（すべてヒカルランド）などがある。

note ブログ

Dr.Shu channel

Dr.Shu 公式ライン

超越気功協会

反重力の世界線を歩め！
Dr.Shuの【宇宙力】
超現実主義は超霊感主義になる

第一刷 2023年9月30日

著者 五島秀一（Dr.Shu）

発行人 石井健資

発行所 株式会社ヒカルランド
〒162-0821 東京都新宿区津久戸町3-11 TH1ビル6F
電話 03-6265-0852 ファックス 03-6265-0853
http://www.hikaruland.co.jp info@hikaruland.co.jp

振替 00180-8-496587

本文・カバー・製本 中央精版印刷株式会社

DTP 株式会社キャップス

編集担当 高島敏子

ISBN978-4-86742-288-5

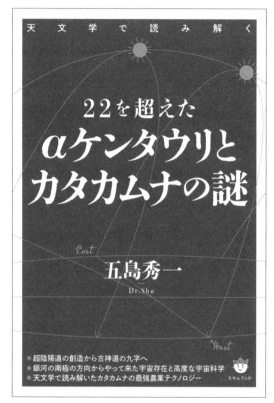

魂で約束した願いを果たす
【ZENMUIブレス】

Dr.Shu 五島秀一監修

14歳の時に「長法師」と名乗る不思議な人物からコンタクトを受けた五島秀一氏。
カタカムナの研究を始めてから、なんと50年ぶりにその「長法師」が現れ、「私の本当の名は善無畏（三蔵）と言う」と告げられました。善無畏三蔵はインドから日本を訪れ、北九州から北上し、突然富山から山梨へ下っていきます。そのルートは日本列島のフォッサマグナのある場所であり、真ん中に位置するのが「阿久遺跡」です。その場所で、善無畏（三蔵）はとんでもない体験をしたのです！　なぜならそこは強烈な遠赤外線を発する「異次元への扉がある場所」であり、そこでカタカムナ人と遭遇したに違いない……と五島秀一氏は思ったそうです。

遠赤外線は異世界との窓口です。それは松果体を呼び覚まし、超自然現象を呼び起こします。古代人は瞑想の時に、意識体または肉体で高次元にトラベルしました。それは魂で約束した願いを果たすことが目的でした。そのために行ったのは、水晶と強烈な遠赤外線を放つ石を一定の比率で並べ、空間の一点に、磁気波動と遠赤外線を交差させる方法でした。Dr.Shu

男性用16センチ　ブラックシリカ12ミリ、チタン蒸着　**48,000円（税別）**

女性用14センチ　ブラックシリカ12ミリ、水晶32面体カット　**48,000円（税別）**

男性用16センチ　ブラックシリカ８ミリ、チタン蒸着　27,000円（税別）

女性用14センチ　ブラックシリカ８ミリ、水晶　27,000円（税別）

オーダー受注制作（ご注文からお届けまで日数を要します）。
男性用で14センチ、女性用で16センチをオーダー希望の方はご相談ください。
送料:別途
製作:マジョリカプランニング
注文:ヒカルランドパーク

使用鉱石

【ブラックシリカ】

北海道檜山郡天の川上流の山中でしか採取できない天然鉱石。数億年もの間、海底の珪藻などが蓄積してできたと推定されるこの黒い石は、多くの天然ミネラルを含み（二酸化珪素、黒鉛、カルシウム、カリウム、マグネシウム、炭素など約25種類のミネラル）、身体を芯まであたためる生育光線（遠赤外線の中でも、特に生物に有効に働きかける波長を持つもの（4～14マイクロメートル））、免疫力を高めるマイナスイオンを、高レベルで半永久的に放射、発生します。古来よりアイヌの人々は「神の力が宿る石」として、ブラックシリカを重用していました。

【チタン蒸着】元素番号22

チタンを身につけることで生体電流の乱れを整える力が働き、身体のさまざまな不調をやわらげます。

【水晶32面体カット・水晶】

すべてを浄化する力、魔除けの石、あらゆる力が宿る石、パワーストーンの王様。

使用例

- 様々な汚れにスプレーする（油分が落ちやすい）
- アトマイザー(噴霧器)を使って気になる箇所に適量をスプレー
- コップに入れて置いておくと部屋中にマイナスイオンが充満

アースパワーウォーター

●料金：11,000円（税込）
●品名：生体活性水
●容量： 1L

※冷暗所に保管ください
※使用期間の目安は未開封の場合は冷暗所保存で約1年
　開封後冷暗所保存、キャップ等に汚れが付着していない場合で約半年間となります
※子どもなどの誤飲や事故を防ぐため保管場所にご注意ください
※当商品は雑貨ですので飲用として開発されたものではありません

統一場理論『5次元宇宙の物理学』をもとに開発！

若返りの秘密
“アースパワーウォーター”

アースパワーウォーターは油の乳化作用をはじめ、新陳代謝の促進、若返りや蘇生効果、肉体に及ぼす有害な毒素の除去、鎮静作用など、生物が抱える肉体面のトラブルに作用することが多くの体験談から明らかになっています。

その作用は体（皮脂）の内部にまで浸透し、体全体を修復してくれます。

また人体にとって大変有益なマイナスイオンが、滝の近くにいるほどの驚異的な量を含んでいます。**（滝：5,000個 /cc、アースパワーウォーター：4,000個 /cc）**アースパワーウォーターの水は特殊な電解を加えることで、クラスターの隙間を空け、その隙間に自由度の高い活性酸素と活性水素を閉じ込め、原始の海のメカニズムさながらの水を再現。

通常の水の約300倍の浸透率のあるアースパワーウォーターが皮脂の中に浸透すると、その浸透圧により体内の有害な物質は不活性化、一方浸透圧に強い正常細胞だけが繁栄するというメカニズムで、デトックスや老化の抑制など健康維持に貢献。

その特殊な鎖状の構造から豊富な酸素と水素を含み、酸素は活力や免疫の向上に、水素は活性酸素の除去が期待できます。